智慧丛书

ZHCS

U0722245

ZHIHUI CONGSHU

校园智慧

XIAOYUAN ZHIHUI

主编 张启明 赵洪恩

新疆文化出版社

图书在版编目（CIP）数据

校园智慧 / 张启明, 赵洪恩主编. -- 乌鲁木齐：
新疆文化出版社, 2020.6
（智慧丛书）
ISBN 978-7-5694-1946-7

Ⅰ.①校… Ⅱ.①张… ②赵… Ⅲ.①大学生－学生
生活 Ⅳ.①G645.5

中国版本图书馆 CIP 数据核字(2020)第 076820 号

智慧丛书

校园智慧

主 编 / 张启明　赵洪恩

选题策划　王永民　　　　　　封面设计　李瑞芳
责任编辑　王永民　　　　　　责任印制　刘伟煜

出版发行　新疆文化出版社有限责任公司
地　　址　乌鲁木齐市沙依巴克区克拉玛依西街 1100 号（邮编：830091）
印　　刷　三河市刚利印务有限公司
开　　本　787 mm×1 092 mm　　1 / 16
印　　张　15
字　　数　214 千字
版　　次　2020 年 6 月第 1 版
印　　次　2024 年 7 月第 2 次印刷
书　　号　ISBN 978-7-5694-1946-7
定　　价　48.00 元

目　录

第一章　克服个性弱点

第二章　告别自卑,树立自信

第三章　校园社交艺术

第四章　精通语言艺术

第五章　校园学习革命

第六章　勇于推销自我

第一章
克服个性弱点

调整自我

一、青年的行为差异

（一）血型与行为差异

血型与个体行为的差异，早就被人们注意到了。不少学者为之而研究并提出了许多饶有兴趣的见解。

综合许多心理学家的研究成果，血型与青年行为的关系大体说来具有如下特点：

1. O 型血型青年的气质与行为特征。

这类青年其行为特征大部分近似于典型的气质类型的人，主要特点有：

性格外向，喜、怒、哀、乐易形于色。好活动，富有精力，关心自己的健康，易入睡。

易爆发激情，难于控制自己，吵嘴后容易后悔。

爱表现，夸耀自己。喜欢交往，但说话往往有教训人的口吻。

争强好胜，有野心。但办事粗心，不易做细致耐心的工作，动作粗犷而不灵活。好恶分明，不留情面，大声说笑不计后果。爱情上多属主动，易被人爱，也易爱上别人。

2. A 型血型青年的气质与行为特征。

A 型血型的青年，其行为特征很像黏液质气质类型的人，主要特点是：

性格内向，不喜欢交往，好安静，不大爱动。遇有心事，难以入睡。

不易爆发激情，遇事深谋远虑，不爱表现自己，嘴上不说，心中有数。

有独立性，但不外露。办事尽量缩小自己的影响。表面上客客气气，内心却唯我独尊。为了求得和平，可以煞费苦心。

情绪稳定，忍耐力强，易遵守纪律、规则、伦理、法律，循规蹈矩。

做事极端慎重，有板有眼，工作细致，责任心强。坚持己见，易钻牛角尖。

爱情上是含而不露。注意仪表，但不新奇。是处理家务的好手。

3. B 型血型青年的气质与行为特征。

这类青年的行为特征，很多像多血质类型的人。其主要特征有：

外向，好动，行动活泼，敏捷，连一分钟也难停下来。

情绪不够稳定，兴趣广泛，爱好多样，但注意力分散，一阵风，一阵雨，难以捉摸。

喜自由，不习惯束缚，思想灵活，倾向革新。

判断迅速，热心工作，不怕劳苦，但缺乏细心和毅力，不易做耐心细致的工作。

行为奔放，对周围满不在乎。

动作语调都富于表情，容易引起别人的注意。在爱情方面，女性比男性更主动。

4. AB 型血型青年的气质与行为特征。

AB 型血型的青年，属于复合气质，在人群分布中最少，但都有较为突出的个性行为表现。主要特征有：虽然都有较为突出性的特征，但不易出现极端的表现。有两类倾向：

AB 偏 B 者，为人爽快机智，善于观察形势，办事灵活，不喜欢谈自己的事情。

AB 偏 A 者，性情孤僻，满腹心事，表情淡漠，喜欢一人独处，做事刻板，比 A 型还呆板。

在情绪方面，AB 偏 B 者略偏活跃，干脆利落，精明能干，可以像铁人般工作。AB 偏 A 者则显得情绪偏低落，兴趣贫乏，办事行动迟缓，显得不痛快，但能专心地干自己的工作。

此二者在行动上都富于计划性，喜欢分担责任，不喜欢吃大锅饭。AB偏 B 者，才能较多，成就较大。AB 偏 A 者，则易办完公事就了，比较单纯，身体欠佳，成就较小。

二者之中，AB 偏 B 者的青年较多，因此，在一般情况下，人们易认为AB 型的青年是才子，是有能力的人。

以上四种血型的人，在青年中都有其典型的代表。在各种不同的血型中，典型者可达到 60% ~ 80%，而不典型仅占 10% ~ 20%，其余的乃为中介状态。

（二）体型与行为差异

人的体型和相貌，作为生理素质的一部分，对青年的行为也有一定的影响，特别是当这些素质的差异成为社会注意的对象，并赋予人的社会价值时，它就会进一步成为导致青年行为差异的一个重要因素。

法国精神病专家凯斯姆曾从遗传学的角度将人的体型分为三类，而每一类都与其相应行为特征相联系。这三类体型是：

1. 瘦长型。

四肢修长，脖颈细长，骨骼纤弱，肌肉削薄，脸型长条或椭圆，给人以细长的印象。其行为特征是：喜欢离群索居，少言寡语，小心谨慎，细腻敏感，少于社交。外表老实持重，但内心自尊心极强。

2. 斗士型。

脖颈又粗又长，肌肉丰满，皮肤富有弹性，体态匀称，脸型棱角分明。其行为特征是：喜欢反复思考，固执倔强，原则性极强，自我意识强烈，容易突然发火。

3. 肥胖型。

矮胖，其脖颈、胸腹部都很粗大，但肩膀较窄，手足短而柔，肌肉松软，脂肪较多，脸呈圆形。这种体型的人善于交际，活泼开朗，喜欢在安静的环境里思考。

心理学家赛尔顿收集了4000人的照片，把这些照片上的人分为头脑紧张型、身体紧张型、内心紧张型三种类型。这三种类型人的体型与行为特征分别与凯斯姆的瘦长型、斗士型、肥胖型相似。

社会的关注也将赋予个体体型对其行为的制约性。如一个体态匀称，肌肉发达的青年，常成为人们（特别是异性）羡慕的对象。因而这个青年也可能由此而感到高兴而自信，在观念与行为上，常可表现自如，充满乐观、兴奋的特点。与此有关的还有体格的强健与否。对体质强健的青年，由于不怕挨冻受热，父母及其他成年长者往往会给其更多的独立性，加之本人自身也无生病痛苦的体验，因而容易养成开朗、生机蓬勃的个性和行为特点，而那些体弱多病身材矮小的青年，由于他本人有过多的受照顾的体验，则易养成其依赖的神经过敏的谨小慎微的个性及行为特点。

（三）相貌与青年行为的差异

我们在生活中，可以看到有些长相比较俊俏的青年常常为自己的容貌姣好而自鸣得意，也比较自信，相应在行为上也比较潇洒和希望引人注目；而有些长相欠佳或身体有缺陷的青年，往往为此而苦恼，容易形成自卑的情绪，在行为上显得拘谨、退缩、不太合群等。

日本学者高直道曾进行了一个有趣的研究，他用了十几年的时间对各类人员的脸型进行了观察，并将其分为"凸镜型""凹镜型"和"平镜型"三种类型，发现每一种类都有不同于其他类型的行为表现。

1. 凸镜型。

头型与颜面器官略向前凸出。这一类型的人，在行为上表现积极、能动、现实、具体。对直觉颇为自信，攻击性较强，办事讲究干净利索，为达到其目的愿选择各种手段甚至盲目冒进，与动机相比更重视行为的结果。喜欢对他人施加影响，性格比较外向。

2. 凹镜型。

头型与颜面器官略有内凹。这种人的行为表现消极、被动；戒心强，易妥协，温柔恭顺，谨小慎微；观察事物冷静细致，办事细心认真；有坚强的毅力，能持之以恒；性格内向，适应力强。但也常常表现出优柔寡断、犹豫不决等弱点。

3. 平镜型。

这是一种介于前两类中间的，或称混合型。因为属中间型或混合型，因而在行为表现上常是前两类型的混合物，如既具有攻击性，又戒备心较强，还善于妥协。总之，既具有行为特征中的积极因素，也有较多消极因素，他们能兼容并蓄，随机应变。

这些结论，是否符合实际，青年朋友们可根据自己的观察和自己的实际情况进行一次对照分析。

二、心理健康与智力开发

（一）积极愉快的情绪能激活大脑兴奋中心，促进认识力和创造力的提高

心理健康的人突出特征是能保持稳定、乐观、愉快的情绪，而愉快的情绪有助于提高人的认识力和创造力。艺术史、科学史的大量事实证明：最珍贵的创造性思维、稍纵即逝的灵感，往往在情绪比较轻松、愉快、恬淡的情况下产生。瓦特发明改进蒸汽机的关键设备冷凝器，是在散步时想到的；开库勃顿发现苯酚的结果，是在炉子边取火时悟到的；高尔基产生出色的构想，往往是在剧场看戏的时候。心理学家哈洛克通过实验证明，对学生来说，受到表扬而引起的喜悦、欢乐、得意等健康情绪，能促进智力的发展；反之，受到训斥而引起的害怕、紧张、烦恼等不良情绪，则能阻碍智力的发展。

情绪不良，还会影响人的正常判断。非常高兴的情绪易泛化到被评价的对象上，使评价偏高；恶劣的情绪易使人把本来好的东西也看得不好。例如，有一次德国著名化学家奥斯特瓦尔德，收到不出名的青年贝齐里乌斯请

他审阅自己的一篇论文。奥斯特瓦尔德正患牙病，情绪烦躁不安。他粗粗看了一下论文，觉得满纸胡说，就把它丢在了纸篓里。过了两天，他的牙病好了，又从纸篓里捡起那篇论文重读一遍，发现论文提出了一个杰出的思想，有重要的科学价值，马上提笔向德国的一家科学杂志作了推荐。论文不久发表了，贝齐里乌斯的这项发现后来得了诺贝尔奖。可见，奥斯特瓦尔德在情绪恶劣时做出的判断是不正确的。

情绪对人的思维、判断和智力发展产生影响的心理机制是烦躁、忧郁等不良情绪使大脑的左右半球处于不协调状态，压抑阻碍人的感知、记忆、思维和想象等认识机能。愉快、轻松的情绪，能调动人的智力活动的积极性，易于在大脑皮层形成优势兴奋中心，也易于形成新的神经联系和复活旧的联系，进而促进创造性思维和智力的发展。

（二）强烈的事业心、自信心和坚持力，是开发智力取得事业成功的关键

责任心、自信心和意志力也是心理健康人的突出特征之一。正是这些优良的个性品质，才为其努力学习、刻苦钻研、开发大脑的潜能提供了动力和保证。心理学工作者王极胜通过研究影响科学管理人才成长的因素发现：爱国感、责任心、事业心及好奇心、热情等对科技人才成长的作用相关系数非常显著。因为人只有献身社会，才能找到人生的意义，才能有永不衰竭的求知、求才的动力。往往"最坚强的人是热情的心灵上压着沉重无法推卸的工作担子的人"。

华东心理学工作者曾对大学新生进行了四年的追踪调查，发现那些学业优异的学生都具有进取、勤奋、自信、自制力强等优秀品质。日本心理学家对差生落后的原因进行了研究分析，发现有1/3的学生是由于缺乏自信。由此可见，大学生只有有忘我奋斗的热情，敢于争取的勇气，坚持不懈的毅力及乐观稳定的情绪，才能唤醒大脑沉睡的潜能。

（三）良好的人际关系是人才取得成功的保证

心理健康的人，能正确认识自己和他人，能与他人建立融洽的人际关系，因而能摆脱人际矛盾的痛苦和困扰，全身心投入求知求业的奋斗中，使

大脑潜能得到充分发挥。卡耐基通过研究发现：人才的成功只有15%靠专业能力，而另外85%靠的是人际关系和处事能力。

三、心理健康与身体健康

越来越多的研究成果表明：心理健康是身体健康的前提。没有健康的心理就会导致各种疾病。

（一）压抑情绪容易生癌

美国一位医生曾调查了250名癌症患者，发现156人在患病之前有过重大的精神打击，他得出结论"压抑的情绪容易生癌"。上海第二医学院曾调查200例胃癌患者，发现这些病人的病因都有一定的社会心理因素，比如，长期情绪压抑，家庭不和等。

（二）急性子易患高血压和心脏病

急性子是A型性格的突出特点。这种类型的人争强好胜，情绪急躁易怒，工作、学习、生活长期处于紧张之中，因而易患高血压和心脏病。美国约翰霍普金斯医学院的贝兹和托马斯做过这样一个追踪调查：1948年他们将450名学生按不同性格分成三组。第一组性格特征是谨慎、含蓄、安静、知足；第二组的性格特征是自觉、积极、开朗；第三组的性格特征是情绪易波动、急躁、易怒、不知足。30年后追踪调查结果表明：第三组学生中患癌症、高血压、心脏病、精神病的占77.3%，第一组中有25%，第二组中有26.7%。

大量的事实证明，紧张、抑郁、烦恼等不良情绪会促使各种疾病发生。

为什么不良情绪对人的身体有如此大的危害呢？研究表明，紧张、烦恼、焦虑、压抑的不良情绪，使人体内的免疫系统的器官如胸腺、脾、淋巴结的重量显著减轻，从而导致全身的防疫能力降低，疾病乘虚而入。

（三）良好的情绪可以防病

情绪能治病，也可以防病。医学临床研究表明，良好的情绪是维持人的生理机能正常运行的前提，有85%的疾病患者可以通过自身机能调节而获得痊愈。根据美国维兰特资料统计，21～46岁年龄段中，精神舒畅与精神忧郁患重病死亡比例为2:18。"乐以忘忧""笑一笑十年少"，都是讲愉快情绪的卫生保健作用。一个人处于情绪舒畅愉快的状态下，其大脑功能是完善的。完善的大脑功能，有利于中枢神经系统的兴奋和抑制的调节，促进内分泌系统、免疫系统、消化系统发挥正常效能，协调平衡、延缓重要脏器的病变过程，避免或减少动脉硬化和其他恶性疾病的发生。

为了你的身心健康，应该注意培养自己乐观主义精神，及时克服情绪、情感上的各种困扰和危机。

四、培养良好的性格

根据美国著名心理学家马斯洛等人的研究，成熟的人性特征主要有10项：

1. 能客观敏锐地知觉现实，正确看待自己、别人和世界。

2. 追求目标高远，能超然琐碎事物之上，不狭隘自私，不搞内部摩擦。

3. 能忍受孤独和寂寞，在所处的环境中能保持独立和宁静。

4. 干事有计划，有信心，有坚持力和创造力。

5. 不无端敌视别人，能与大多数人友好相处，并有少数深交的朋友。

6. 自发而不流俗，能理智地控制自己的情绪和行为。

7. 具有真正的民主态度和幽默感。

8. 注意基本的哲学和伦理道德。

9. 热爱生活，热爱大自然，对平常的事物都能保持兴趣。

10. 能承受喜乐和悲伤的考验。

良好的个性心理品质对于人才的成长和成功具有重大的影响。心理学家推孟曾对1500名智力超常的儿童进行了50年的追踪调查，对其中最成功的和最不成功的各150名进行比较分析，发现两组之间的智力程度上并没有多大的不同，最明显的差别是个性品质。在进取心、自信心、不屈不挠完成任务的坚持性等方面，最成功的一组明显高于最不成功的那一组。

青年大学生都希望自己具有良好的个性。要做到这一点，就要坚持不断地进行自我修养和完善。

（一）坚定信心

首先要有自知之明，对自己性格的缺陷有清晰的认识。其次对自己要求要严，改造的决心要大。每个人都要接受社会生活的筛选和考验。由此也出现了成功和失败的两种同化现象：一方面一个人以自己某方面的才能成绩受到赞美并成为发端的契机，因而促成个性的成熟的主观努力越来越大；另一方面，因不能正确对待挫折和失败，逐渐形成不求进取、安于现状的心理，因而放弃个性成熟的努力。因此，要塑造自己良好的个性，必须坚定信心，强化主观努力。

（二）从小事做起

荀子说："不积跬步，无以至千里；不积小流，无以成江海。"进行个性自我修养，只有以滴水穿石的精神，时时注意，处处小心，在一点一滴的小事上约束自己的言行，才能在潜移默化中改变自己的不良个性品质。

（三）自定制度和计划

为了培养良好的个性品质，自订一些制度，并强迫自己严格遵守，经过多次重复强化，就可以自然地养成有益的行为习惯，如早锻炼、今日事今日毕等。

（四）坚持不懈，持之以恒

经常进行自我分析、自我控制、自我鼓舞、自我誓约、自我命令、自我监督、自我惩罚等，坚定地完成自我修养计划。拿破仑说："胜利，是属于最坚韧的人。"

（五）改善食物

食物可影响性格，假如我们觉得自己的性格有什么缺陷的话，可以尝试用不同的食物来加以改善：

1. 性情不安定的人。

应多吃一些含钙量含磷量较多的食物。含钙量较多的食品有：大豆、菠菜、牛奶、花生、橙子、鱼虾等。含磷量较多的食品有：大豆、花生、菠菜、栗子、杏、葡萄、虾、蟹、鸡、土豆和蛋黄等。

2．易怒的人。

容易生气发怒的人，也是因为缺钙，还兼缺维生素 B。这种人宜多吃些白米饭。

3．做事虎头蛇尾的人。

第一可能是缺乏维生素 A 及维生素 C。此时应多吃辣椒、鱼干、笋干和油炸萝卜。第二个原因可能是吃酸性的食物量过大，如肉类过多。因此平时要少吃肉类，多吃些水果、蔬菜。

4．依赖性强的人。

有不少人是受血液影响的。所以平时要多吃些碱性食物和含钙的食物。这样依赖性容易克服一些。

五、改变"急"性格

"急"性格的突出特征是：争强好胜，不论搞什么都想赢；心里有干不完的事，总感到时间不够用，凡事急急匆匆；说话快，走路快，没有耐心听别人讲话；容易生气发怒，继后又懊丧后悔；不会照料自己，不知道如何享受生活。

心理学家和生理学家的大量调查研究结果表明：A 型性格的人容易得心脏病和冠心病。美国全国心、肺和血液研究所在 A 型性格调查表上得出的统计结果：A 型性格患冠心病的比例高达 98% 以上，是 B 型性格的 1.7 ~ 4.5 倍。

为什么 A 型性格的人易患冠心病和心脏病呢？这是因为 A 型性格的人性情急躁，大脑常处于紧张之中，因而血中胆固醇较高，造成冠状动脉硬化，而动脉硬化是产生冠心病的直接原因。

那么如何调整自己的 A 型性格呢？

1．经常通过自我暗示、自我警觉、自我控制，使过快的节奏放慢、放松一些。

2. 正确评价自己和他人，不要傲慢自大，过于欣赏自己的能力和无端抨击别人的短处，懂得理解、尊重别人。

3. 要培养自己宽容、豁达的态度。善容他人之短，善谅他人之过，对人对事不要过高要求，想入非非。遇事沉着冷静，不要为小事着急发火。

4. 待人接物要心平气和，耐心细致，克服爱指手画脚、抢着说话、爱打断别人说话的坏习惯，培养稳重、耐心、遇事不急不躁的大家风度。

5. 知足常乐，不要对自己要求太苛刻，不贪图虚荣，事事与他人比高论低，尽量避免与他人作无谓的争论。

六、改变内向的性格

内向性格的突出特征是：沉静、稳重，适应环境慢；孤僻、胆怯、怕羞，不善社交，不爱说话；敏感多疑，爱生闷气；缺乏自信，自卑感强；缺乏主见，依赖性强。

青年大学生如何调节自己的内向性格，使之外向一些呢？

（一）多参加集体活动

环境作用于人，也能改造人。经常参加集体活动如演讲、论辩、舞会等可以使自己融于集体，得到同学们的友爱、信任和支持，有助于性格的逐渐开朗和"合群"。

（二）多结交性格开朗的朋友

孔子说："进芳香之室，久闻不知其香，不知不觉与之化焉；进鲍鱼之肆，久闻不知其臭，也与之化焉。"经常与性格开朗的朋友在一起，就会潜移默化地受到影响，有助于内向性格的改变。

（三）培养广泛的兴趣爱好

兴趣广，则参加的活动就多，结交的范围和朋友就广，既可以增长知识，培养多方面的才能，又有益于活泼性格的形成和发展。这叫兴趣诱变。

（四）学会宣泄，自我调节内心冲突

内向性格的人常常把烦恼和痛苦压抑在心中，而青春期的烦恼又多，结果长期的精神压抑、忧郁，使性格变得更加内向。因此，内向性格的人不要城府太深，要学会宣泄，把内心的苦闷向知己朋友、可依赖的长者、老师谈一谈，排遣掉，使心情变得轻松、愉快些。同时，向别人倾诉是对他人信任的表现，同样也会得到他人的信任。

（五）树立自信，抛弃自卑感

自卑往往是形成内向性格的一个重要心理因素。自卑者由于自我轻视，过高地估计他人，因而事事回避，处处退缩，不敢参与竞争，不敢参加社会活动，使自己处于一种自我压抑的境地。因此，要改变内向性格，首要的是要克服自卑感，遇事多想自己的长处，增强信心和勇气。

（六）胸怀要宽宏豁达，不要意识过敏

内向性格的人往往过多地注意内心的情感体验，对别人的评价、态度过于敏感。他人的一个冷脸、一句批评，就会引起他们很大的怀疑和不安，把自己的精力引向了生活中的细枝末节，妨碍了正常的人际交往。因此，内向性格的人，要有意识地跳出个人顾虑的小圈子，把自己的注意力从内心情感转向外部世界。宽宏豁达，不计较小是小非，不考虑别人对自己如何，多想自己如何学习、工作。

七、青年情绪行为的控制与调节

日常生活中，人们有不少行为都是非常情绪化的，其情绪色彩相当浓重。例如，有人在遭遇不幸时，往往捶胸顿足，呼天叫地，号啕大哭。有人在逢大喜事时，如在重大的国际比赛中获胜，在重要的考试中成功，经过异常艰辛的奋战终于获得了喜人的科研成果等，他不仅内心愉悦，情绪激昂，而且会把这种激烈的内心体验迅速地转化为直接行动，让情绪尽情地无所顾忌地表现出来。每当中国运动员在国际比赛中夺魁时，不少青年学生不仅由衷的高兴，而且要大肆庆贺一番，以各种方式来尽情表达其激动心境。否则，就会感到高兴得"不够劲""不过瘾"。

像以上这些将心中积极的或消极的情绪迅速而直接地转化为行动，使自己的行为带有显著而强烈的情绪倾向的行为，就是情绪化行为，简称情绪行为。

情绪是人每时每刻都有的。不是欢乐愉快的情绪，就是忧虑悲伤的情绪；不是轻松舒畅的情绪，就是抑郁沉重的情绪；不是喜爱倾慕的情绪，就是厌恶愤慨的情绪。但是，典型的情绪行为却并非每时每刻都存在。人们并不总是把自己内心的各种情绪体验转化为直接的行动。人们虽然免不了时常碰到一些不愉快的事情，但却并未经常"闹情绪"。可见，情绪重在内心体验，情绪化行为则重在外化的行动。

就像人的情绪有积极的和消极的、肯定的和否定的之分一样，人的情绪行为也可以分为积极的和消极的、肯定的和否定的。肯定而积极的情绪行为，就是对那些对个人和社会都具有良好效果的情绪行为；否定而消极的情绪行为，就是那些对个人和社会产生不良后果的情绪行为。前者如人受到鼓励时热情澎湃，工作富有成效；后者如人因挫折而意志消沉，致使事业半途而废。

情绪行为是理智和意志的力量逐渐减弱，情绪的力量处于主导支配地位时所发生的行为。这种行为，同人的理性及社会对人的行为的要求是不协调的。社会要求人应该按规定的角色行事，社会化的任务就是要把人培养成社会所期望的角色。因此，人的行为必须符合一定社会的心理、文化、道德的规范。这样，人不能"为所欲为""随心所欲"，不能凭一时的"好恶"行事，而情绪行为的一个重要特点，就是凭"好恶"行事，而且一般是凭一时的好恶行事，故这种行为具有很大的随机性和盲目性。若任其自然发展，不加引导，则往往产生不良的社会影响，所以有必要对情绪行为加以控制和调适。

那么，怎样控制与调适人的情绪行为呢？控制和调适情绪行为，首先必须具有一种能够很好地驾驭自己的素质，这就是要加强自身修养。

（一）开阔胸襟

古人云："君子所取者远，则必有所待；所就者大，则必有所忍。""小不忍则乱大谋。"一个人把眼光放在远大的事业上，必然会胸襟开阔和度量豁达。这样的人，绝不会因一些小事而使情绪大起大落。只有那些心胸狭隘的人，才会自寻烦恼，整天沉溺于懊悔、怨恨之中。一个正在向目标奔跑的马拉松运动员，是不会因为一颗小石子的绊脚而驻足不前的。

（二）增强生活能力

情绪是人对客观事物是否满足自己的需要而产生的态度体验。生活能力强的人，其各种需要都比较容易满足，他的肯定性情绪体验也就比较多。反之，生活能力不强的人，事事挫折、处处碰壁，经常"四面楚歌"，其需要不易得到满足，否定性情绪体验也就会比较多。因此，欲使情绪愉快、稳定，首先，应当不断加强自己的社会生活能力。其次，就是要培养适应生活的能力，这要求我们勇于正视生活的现实，面对失恋、失学、失意等方面的事情要承认它、接受它，想得开，坦然置之，然后再想办法对付它，解决它。同时，要能正确地估价自己，脚踏实地，免得自寻烦恼，以求得心理平衡。

加强自身修养是控制与调适情绪和情绪行为的基础，但怒时制怒，愁时驱愁，还有些具体方法可以借鉴：

1. 转移。

不良情绪产生后，不能老是郁积于心，耿耿于怀。如果老是放不开，丢不下，就会使这种不良情绪不断扩散、蔓延、强化，最后渗透到生活的各个方面和各种行为中去。因此，当某件事情引起不愉快的情绪时，应尽快地把它忘掉，把心绪转移到别的方面去。

2. 淡化。

产生了不良情绪和情绪行为，必定是人的某些需要没有得到满足，或者是这些需要对你比较重要，你对这些事情比较关心。否则，你决不会为它去劳神费思。为了解除烦恼，有时不妨来一点"超脱感"，要把它看得"不过就是那么回事。"如果你能想到"东方不亮西方亮",你或许就会以比较平淡的眼光去看问题了,犯不着失望和沮丧。

3. 平衡。

这是运用社会生活中的一条"相对性原理"。假如地球上只有孤零零一个人,他的一切都失去了参照物,他的所谓喜、怒、哀、乐也就无从描述和衡量。所谓愉快和不愉快,并不是一种绝对值,而是一种相对值。也就是说,愉快和不愉快很多时候是在与他人和社会环境的比较中产生的。既然这些情绪能够从比较中产生,也就可以从比较中消除。极而言之,世界上最快乐的人只有一个,最倒霉的人也只有一个,其他的人都是处于一种"居间状态":既比一些人差,也比一些人好,也就是"比上不足,比下有余"。如果能够恰当地运用这一"相对性原理",情绪就会达到一种平衡。

4. 疏导。

在许多情况下,一个人对事物的认识往往是有限的、模糊的,经旁人点拨一下,就会豁然开朗,茅塞顿开,有一种"山重水复疑无路,柳暗花明又一村"的心旷神怡之感。因此,有了烦恼和忧愁的时候,可在别人的疏导下解除。俗话说:"快乐有人分享,是更大的快乐。而痛苦有人分享,就可以减轻痛苦。"

5. 发泄。

心理学家认为,人的心理处于压抑状态的时候,通过适当的方式发泄,把闷在心中的愁苦倾倒出来,对身心健康有好处。如果人的压抑心理得不到正常发泄,就会由于冥思苦想、郁郁寡欢而损害身心健康,影响工作效率。

6. 升华。

这是控制和调适情绪和情绪行为的最可取的途径。司马迁屈受宫刑,但他把自己的痛苦化为巨大的动力,写出了被鲁迅先生称之为"史家之绝唱,无韵之离骚"的《史记》。这是一种非常积极的"能量转换",欲有作为的青年,当以此为楷模。

克服弱点

一、矫正"气量小"的缺陷

从心理学的角度来看，"气量小"是心理不健康的表现。它的特点是：心胸过于狭隘，爱斤斤计较小是小非，爱挑剔他人。办事刻板，谨小慎微，一点小事就会形成很重的思想负担，有时甚至发展到吝啬、自我封闭的程度。气量小的人既不会由衷地帮助别人，也不会从别人那里得到温暖，因而阻碍了人际间的正常交往，影响了个人的身心健康。

人的一切性格包括气量褊狭的性格，都是可以改变的。近代天文学创造者第谷·布拉赫原先也是一个心胸褊狭的人。有一次，他和一个同学因为一个数学问题争得不可开交，最后竟然进行决斗。在决斗中，第谷·布拉赫的鼻子被对方的剑刃削掉。打这以后，第谷·布拉赫和以前的他判若两人。后来他提携德国青年刻卜勒研究天文，并在刻卜勒困难的时候，提供无私援助。但刻卜勒在猜疑心重的妻子挑拨下，以怨报德，对第谷·布拉赫极不礼貌。第谷·布拉赫毫不计较，显示了崇高长者的宏大气魄。刻卜勒后来回忆说，他所以能够发现行星运动三大规律，完全是第谷·布拉赫对他宽宏大度全力提携的结果。那么如何才能使自己成为宽宏豁达之人呢？

（一）拓宽心胸，宽以待人

陶铸同志说过"心底无私天地宽"。一个人只有不图名，不爱利，目标高远，顾全大局，才能待人宽宏豁达，不计小是小非。"将相和"故事中，蔺相如当廉颇三番五次地找岔子时，他仍然以礼相待，表现得豁达大度。这是因为他怕两虎相斗必有一伤而影响赵国的国家利益。如果一个人只想到自己的私利，生怕自己吃亏，甚至处处想捞好处，必然会心胸狭隘，斤斤计较，吃一点亏就如鲠在喉，患得患失。就像马克思说得那样："愚蠢庸俗，斤斤计较，贪图私利的人，总是只看到自己吃亏的事情。比如，一个毫无教养的人，常常只是因为一个过路人踩了他的鸡腿，就把这个人看作世界上最可恶和最卑鄙的坏蛋。"因此要克服"小心眼"的性格缺陷，首先要拓宽心胸，不计私利，树立远大的人生目标。

（二）充实知识，提高修养

人的气量小与其知识修养有很大关系。人们常说那些为一丁点小事就反目相吵的人"缺少教养"。一般说来，缺乏知识修养的人容易想不开。一个人知识多了，立足点就会提高，眼界也会开阔，待人处事就会着眼于大处，"大肚能容天容地，于己何所不容"，对"身外之物"拎得起，放得下；对他人的伤害、甚至侮辱能宽恕，丢得开。他能够认识到，仇恨对自身所造成的危害往往比被仇恨者要大。当然，满腹经纶、心胸狭窄的人也有，但这并不意味知识有害于修养，只能说明我们应该知行一致而已。培根说："读书使人明智。"因此，经常读一些名人传记、人际交往、心理卫生等方面的好书，对于矫正自己"气量小"的毛病，是大有裨益的。

（三）淡化自我意识

气量小的人大多是由于自我意识过于敏感，对人对事疑心重重，总认为他人对自己不怀好意，斤斤计较别人的一言一行。他人无心的一件小事，也硬往自己身上拉，结果"疑人偷斧"，庸人自扰。社会交换理论认为：人们在交往中的付出（态度、行为、物质）和获得是互换的。"爱人者人恒爱之，敬人者人恒敬之"讲得就是这个道理。如果你遇事豁达，谦让对方，对方大多也不好意思与你斤斤计较。反之，如果对别人的一点伤害你就耿耿于怀，睚眦必报，结果引来的多是"以牙还牙"的恶性循环，将自己困扰在这些鸡毛蒜皮的小事之中，最终是"得来皮毛输去牛"。总之，在人际交往中，如果淡化自我意识，人的气量就会不知不觉地大起来。

（四）加强自我监督

人的气量的改变，不是一蹴而就的，需要积以时日的过程。在这个过程中，只要循序渐进地为自己规定性格陶冶日程，经常自我检查、自我监督、自我警觉，并逐日记下自己的性格表现，就会使自己的性格一点点地完善起来。

二、克制爱着急、发火的坏脾气

现实生活中不少青年大学生脾气暴躁、倔强、怪僻、任性，遇事容易冲动，常因一些不顺心或看不惯的事，与人生气或恼气，甚至争吵，结果影响了与他人团结和睦，给自己和他人带来很多苦恼。

人的脾气为什么有好有坏，能不能改掉坏脾气？

人的脾气是其气质特征的表现。心理学家把人的气质划分为四种类型，即胆汁质、多血质、黏液质、抑郁质。典型的胆汁质的人感情热烈而易于激动，行动果断而易鲁莽。由于其神经活动强而不均，抑制力较弱，遇事往往容易失去控制，说出一些使人难堪的话，做出一些使人难以忍受的事，所以给人脾气坏的印象。而黏液质的人温顺、平和，抑制力较强，所以给人脾气好、成熟、老练的印象。

人的脾气是先天神经类型的特点与后天家庭教育、社会生活磨炼的合金。一般来讲，温和、忍耐的好脾气，与和睦温暖的家庭环境和良好的教养有密切联系；而暴躁、任性的坏脾气，常常与娇生惯养、过分溺爱或得不到家庭温暖是分不开的。个人生活道路的平坦或坎坷，也对人的脾气性格有重大影响。"江山易改，禀性难移"，只说明了人的脾气、性格稳定性的一面，但人的脾气、性格并不是固定不变的。有的人的脾气很坏，但在现实生活中碰了几次壁，吃了一些亏，慢慢变得比较平和了。那么如何改掉坏脾气呢？

（一）提高修养

动不动就着急发火是缺乏涵养和不成熟的表现。人际互动理论认为：在人际交往过程中有三种心态，一是成人心态。持这种心理状态交往的人，表现出理智、冷静、温和、宽容，在任何情况下都不发火失态。二是儿童心态。持儿童心态交往的人其突出特征是，遇事无主见，爱感情用事，喜怒无常。三是家长心态。这种状态通常表现为独断专行，滥用权威，喜欢统治人、训斥人。有教养、有理智的人都以成人的心态与他人交往，因而往往会使对方做出成人的反应，从而保持友好交往关系的建立和发展。由此可见，我们应加强思想修养和心理状态自我训练，努力把自己的感情和举止控制在"成人"的反应范围。如美国航空公司曾用影片作教材，进行互相作用分析的教育。影片中一位女售票员接待两个男顾客，为他们安排旅行日程计划。后面一位女顾客等得不耐烦了，就破口大骂这个售票员："你怎么和男人谈情说爱没完没了，让顾客久等！"尽管这一女顾客的行为发自儿童心理状态，并以一种恼火的父母姿态出现，但售票员不是反唇相讥，而是把局面扭转到成人的反应模式上来，她说："非常抱歉，让你久等了，你需要什么？"事情就这样顺利解决了。

要加强自我的思想涵养，就要处处以事业和大局为重，经常心中想到别人，尊重别人的利益和需要。这样才能时刻保持冷静理智的成人心态，对他人温存、体贴，遇事平心静气，三思而行。

（二）学会容人

一般说来，发脾气通常是在自己觉得人家做错事的情况下和感到自己失面子受伤害的时候发生。因此要改掉自己的坏脾气，一定要培养自己的容人之量。一要能容他人个性的缺陷，要充分认识"人心不同，各如其面"，个性本来就是千差万别的。二要能容忍他人的过错。人非圣贤，谁能无错？再善良的人包括我们自己，也有失嘴、失足伤害他人的时候，因此当他人做了对不起你的事，说了伤害你的话时，如果暴跳如雷，反唇相讥，反而有失雅量，缺乏涵养，也易把矛盾激化，带来更大烦恼。只有以宽宏大度的态度而谅解，才能赢得他人的尊敬，也易唤醒对方自省自责。三要能容他人的不同意见，对自己的认识不要太自信。发怒时最好想一想，自己认为错的事，未必就真错，也许是因为自己眼界、耳界有限而产生的偏见。人人都有权力按照自己的选择来办事，自己没有理由一味禁止别人这样或那样做。

（三）学会自我暗示

从心理上说，脾气的爆发往往是由于外界的刺激在大脑皮层引起了过分强烈的兴奋，以致造成"意识狭窄"现象，从而使人失去正常的理智，于是脾气就趁机而生了。因此要控制坏脾气的爆发，就要有意识地用理智克制降低外界刺激在大脑中引起的兴奋程度。最好的办法是，在感到自己生气要发脾气时，即进行自我暗示，反复默念"一定要镇静""不要发火""发火是无能的表现""理智是智慧的源泉""生气是用别人的错误惩罚自己"之类的话。这样，既增强了大脑中理智思维的强度，也疏散了外界刺激引起的狭窄兴奋。

（四）迅速转移

心理研究指出，人的愤怒情绪按其程度可以分为九个梯级：①不满；②气恼；③愠；④怒；⑤愤怒；⑥激愤；⑦大怒；⑧暴怒；⑨狂怒。在一、二梯级时，已有了发脾气的情绪基础，但还不一定发出来；在三、四梯级时，脾气有点发出来了，但还可以进行情绪转移；到五、六梯级时，自我克制力已经很差；到了第七梯级以上时，理智几乎完全丧失，往往会造成破坏性后果。从愤怒情绪的发展规律来看，自我克制越早越好。当情绪发展到第三梯级时，最有效的办法，就是迅速转移，离开现场或去干别的事情，或去找别人谈话，或听音乐、外出散步，等气头过去，再回到情境现场。此时，人的理智占了上风，往往会心平气和，平息怒气。

（五）经常提醒

为了时刻提醒自己遇事不要失去理智，可以在墙壁上、书桌旁贴上写着"息怒""冷静""忍耐"等这样的条幅，利用这些座右铭，经常提醒自己，从而抑制自己的大脑出现狭窄兴奋。

（六）按摩洗脸

当情绪激动、大发雷霆时，不妨自我按摩头部或太阳穴10秒钟左右，或用冷水洗脸，降低皮肤的温度，这样会使情绪放松，降低你的怒气。

（七）认识实质

生气实质上是拿别人的错误惩罚自己。冷静想想，生气发火，大都由他人、他事造成的，错误并不在本身。令你着急的人已经没事了，烦你生气的事也过去许久了，结果你还在为它生气，真是够傻的。与其让别人的错误来惩罚自己，还不如让自己高尚的言行促进对方认识和改正错误。因此，遇一点小事就生气，只会使自己备尝错误的苦果。

三、保持良好的心境

情绪、情感是关于客观事物是否符合人的需要、愿望与观点的主观体验。健康心境的突出特点是：开朗豁达，乐观自信，情绪稳定，明智热情，谈吐幽默、风趣。青年大学生的情绪、情感的突出特点是丰富、强烈而又易变。正如有的心理学家说的"青年期是疾风怒涛"的时期。加之他们自我调节控制能力较差，在学习、生活中不可避免地要碰到一些情绪危机。所谓情绪危机，是指人的心理经历了极度的波动，其中包括紧张、忧虑、烦恼、愤怒、悲哀等。这些不良情绪使大脑的左右半环球处于不协调状态，压抑阻碍了人的感知、记忆、思维和想象等认识机能，同时使人体内的免疫系统功能降低，对学习、生活和健康等带来不良的影响。如何调节自己的不良情绪保持良好心境呢？

（一）加强修养法

人的情绪产生主要由活动的成败、人际关系的好坏、自然环境、身体状况、生活中的重大事件等引起的。除此之外，还受个人思想修养的影响。胸怀狭窄、斤斤计较的人，易疑神疑鬼，患得患失，经常处于抑郁愁闷的情绪之中；反之，心胸豁达，志向高远的人，能容事容人，舍名舍利，即使在困难和不利的条件下，也能保持乐观、愉快、朝气蓬勃的心境。因此，青年大学生要保持乐观的情绪，就要加强修养、放眼未来，目标远大，以理制情。苏联著名心理学家阿诺欣写道："人类已进入了情绪重负的非常时代，要想

克服这种情况，只有锻炼自己的意志，学会控制情绪，理智地克服所谓
'情绪应激'。"

（二）知足常乐法

心理学的研究表明：期望＞实际→失望；期望＜实际→知足；期望＝实
际→不以为然。因此，要保持乐观的情绪，对自己和他人的要求和期望要适
宜、适中，不可过高地苛求。否则，脱离实际，期望越大，失望就越大，挫
折感就越强。常言道："金无足赤，人无完人""知足常乐"。

（三）奋斗常乐法

心理研究告诉我们，满足是一种快乐，追求也是一种快乐。人们在追求
新知、追求技术的精益求精，追求事业的不断进取中，获得充实感、收获
感，从而享受到奋斗的乐趣，这叫"常乐于不知足"。求知求业的奋斗之
乐，也能冲淡、抵消其他方面的不乐。人生在世，总得有所追求，有所奔
头。哀莫大于心死。没有目标，必死必哀。

（四）合理认识法

任何事物都有合理的、有利的一面，也有不合理的、不利的一面。明智
达观的人总是善于从不利中看到有利，从不合理中看到合理的因素。如管仲
和鲍叔牙合作经商分利时，管仲总是分多，鲍叔牙并不认为管仲贪婪，而认
为是他贫寒使然。这样鲍叔牙从不合理中看到合理因素，必然就不会气恼、
愤怒。另外，爱因斯坦晚年研究统一场论，多次失败，但他一直精神饱满。
别人问他进展如何，他回答："已证明，有 99 种方法是行不通的。"这样从
99 种失败中看到 99 种收获，从不利中看到有利因素，思想就会十分开阔、
乐观。

（五）精神发泄法

当心中有了烦恼或怨气、怒气之后，可以直接或间接地宣泄出来，以达
到心理平衡。宣泄的方法很多，可找师长、好友倾诉，并接受他们的劝告；
也可直接找发生矛盾的同学、师长进行心平气和地交谈，以解开疙瘩，消除
误会；还可利用写信和日记的方法，将自己的苦恼发泄给可以保密的纸张本

子。西方一些发达国家，公司、工厂，专门设置了职工发泄室，里边摆着厂长、经理的胶皮像和棍棒，供职工发泄对工厂和公司领导的不满和愤恨。人的不良情绪及时发泄出来，就得到了一半的调节。

（六）转移注意法

当人的情绪烦闷或激动时，可以强迫自己把注意力转移到别的事上去，如看电视、听音乐、下棋、打球等有意义的活动。阿诺欣曾指出："身体练习法能把有机体的活动转移到另外的系统上去，可排遣有害的情绪紧张，使人恢复正常的状态。"

（七）自我疏导法

就是利用自我暗示或自我采用一些特殊的方法，来控制不良情绪。如利用数数、饶舌、深呼吸等方法，来缓解临场前的紧张情绪；步入考场感到紧张时，可反复暗示自己："沉着、冷静、别紧张，会考好的。"这样，情绪就会放松下来。

（八）大笑放松振奋法

当自我感到心境很坏、情绪处于低潮时，可强迫自己真诚地笑，由微笑开始，越笑越强烈，最后变成大笑。利用这个技巧可以使自己振奋起来。另外，还可以使全身放松。放松的技巧是：从手到头，再到脚趾，先使肌肉绷紧，然后再一部分一部分地慢慢放松。这样就能减缓气愤和畏惧的程度。

四、消除烦恼

心理学家认为，烦恼和忧愁是人生极易产生的消极情绪。大仲马就曾形象地说："人生是一串由无数的小烦恼组成的念珠。"长时间困扰在烦恼忧伤的情绪之中，不仅易患各种疾病和早衰，而且还分散人的精力，降低学习、工作效率，影响与他人的良好关系。那么，如何才能驱除忧愁和烦恼呢？

（一）投身事业

一个人如果把全部身心投入到工作和学习中去，他就会在事业的奋斗中体会到生命的意义，找到人生的乐趣，就无暇思考由个人的私利和生活中的矛盾带来的各种烦恼。奋斗其乐无穷，闲者忧愁繁多，"君子坦荡荡，小人长戚戚"讲的就是这个道理。眼界狭窄，患得患失，心中"我"字膨胀，就会在生活中处处碰壁。只有淡化自我，献身事业，才能摆脱烦恼和忧愁的困扰。一架葡萄没有支架，最后不得不和它珍贵的果实一起烂掉；一个人如果没有献身的事业，就会在碌碌无为的烦恼中失去人生的支柱。人只有献身于社会，才能找到人生的意义。坚强、乐观的人，往往是热情的心灵上压着沉重无法推卸的工作担子的人。

（二）合理化防御

所谓合理化防御，就是寻找引起烦恼和忧愁事情发生的"合理原因"，以弥补心理上的创伤。人们常讲的"酸葡萄效应""知足常乐"等都是这种合理防御机制的例子。例如，一个人辛辛苦苦花了三年时间写成了一本书，得到 5000 元稿费，结果在领钱返回路上被小偷抢走，开始心里很烦，后来他劝慰自己，这是不幸中的万幸，钱丢失而生命没有遭伤害。钱是身外之物，丢了权作这本书没有写，还可促使自己再去设法写一本。这种从不幸中看到有幸，从不合理中看到合理性，心情舒畅多了。心理学家认为：心灵上积极的"合理化"，或许是一条摆脱烦恼的有效方法。合理化防御不是为个人的过错找合理理由而自我姑息，主要在于调整情绪，以激发乐观向上的精神。

（三）向友人宣泄

培根说：如果你把快乐告诉一个朋友，你将得到两个快乐；而如果你把忧愁向另一个朋友倾诉，你将被分掉一半忧愁。因此，当自己被烦恼和忧愁缠扰而无力解脱时，可以向友人倾诉，以得到他人的帮助。

五、克服猜忌心

猜忌心是一种由主观推测而产生的不信任的复杂情感体验。人们在生活中大都免不了猜疑，只是程度不一。猜忌心重的人整天无中生有起疑心，对人对事不放心，总认为别人在议论自己、瞧不起自己、算计自己，在现实生活中，猜忌心理主要有以下几种类型：

（一）主观联想猜忌

有些人当遇到人为的挫折或欲望不能满足时，往往猜忌某某人作祟，跟自己过不去，如"评三好"或"优秀"自己榜上无名，便联想某某人给自己说了坏话，或者疑心领导给自己穿"小鞋"等。

（二）察言观色猜忌

这种猜忌的突出表现是凭对他人的一言一行的直觉做出判断和结论。如别人对自己的态度有一丝异常，就猜忌是对自己有成见；见到某人与领导谈话，便怀疑是与领导"套近乎"，甚至怀疑两人在说自己的坏话。

（三）逆向思维猜忌

这种猜忌是一种背离原义的感觉和判断。如在其生病或有困难时，同学、老师给予关怀、帮助，这本来是友好的表示，但他却怀疑"他人葫芦里没装好药"。另外还有"疑人偷斧"式怀疑等。

猜忌心理产生的原因：一是狭隘心理和封闭式思想观念的消极影响；二是缺乏事实依据，一切从假想、联想出发、作茧自缚的思维方式；三是缺乏对他人的基本信任，因而怀疑一切；四是缺乏文化知识修养，认识问题偏激，思想狭隘，愚昧产生偏见，也产生猜忌；五是个性懦弱，缺乏自信，因而敏感多疑，多愁善感。

潘恩说："猜忌是卑鄙灵魂的伙伴。"汪辉祖说："疑人则信任不专，人不为作；疑事则优柔寡断，事不能成。"猜忌心理还把他人好的信息纳入错误的轨道上，以致"越看越像，越看越真"，从而造成你与交往对象的对立情绪，恶化人际关系，也使自己陷入整天提心吊胆、是非重重的痛苦之中。

如何克服自己猜忌心重的毛病呢？

（一）保持理智、冷静的头脑

现实生活中，许多猜忌戳穿了是很可笑的。因此，当出现猜忌的信号后，要督促自己去寻找证据，切不可感情用事，凭空猜忌。如果疑点很多，证据实在，就应以诚恳的态度，鼓足勇气找对方坦率交换意见，切不可针锋相对，使矛盾恶化。如果证据不足，要尽快用暗示法提醒自己，不要想得太多，别把人想得过坏等。

（二）运用"自我开脱法"

即一旦产生猜忌心时，暗示自己：人生在世，何能不受他人议论！走自己的路，让他人去说吧！使自己从疑惑中得到解脱。

（三）培养宽宏达观的性格

一要相信世间大多数人是善良可信的。人际间的是非矛盾、误解常常多于恶意攻击或诽谤。二要待人宽宏大量，不要苛求鸡毛蒜皮似的小是小非。人有七情六欲，他人对你态度冷淡一点，可能心情不好，不一定对你有什么成见。三要充分认识人际行为和态度也是互换的。你信任他人，他人才能相信你；你以诚待人，他人才能以诚而应；你喜欢他人，他人才有可能喜欢你。因而，要严于律己，主动以信任、尊重、热情、善良、友好的态度去对待他人，那么，你也会得到对方的友好回报。

六、克服偏激、急躁

偏激就是"过火"，就是个体的意见、主张超出适当的程度。偏激心理可理解为是行为盲目自信或主观偏执而导致情绪情感失常的一种心理状态。急躁是偏激心理的一种反映形式。偏激的人一般遇事急躁、沉不住气。偏激心理的主要表现为：一是看形势"一团漆黑"；二是在是非面前感情用事，不是肯定一切就是否定一切；三是处理问题易走两个极端，不是左，就是右，对待人或事，说好好得似乎没有缺点，说差就差得不可救药。青年大学生由于心理还没有完全成熟，偏激心理较成年人更为严重，主要表现在情绪易激动偏颇；行为易冲动盲从；处理问题难以把握分寸；遇到刺激易失去控制能力。

偏激心理产生的主观原因：一是缺乏辩证的观点，对问题缺乏全面的了解和客观的分析，造成认识上的片面性和行动上的盲目性。二是个性不成熟。一个个性成熟的人，能够驾驭自己的感情，时刻保持清醒的理智，能够与他人建立和谐的关系，并能充分发挥自己的作用。心理偏激的人，往往以感情代替理智，导致行为失态等。三是意志力薄弱，易受到外来刺激的干扰和不良环境的影响，不能制止自己违背目的的行为，造成"事与愿违"的后果。意志力坚强的人，能够克制自己、驾驭自己设法克服困难去实现其预定的目标。如何消除偏激心理呢？

（一）克服偏见

思想偏激的人易用主观构造的理想模式去套客观现实，因而脱离实际地苛求他人，求全责备。因此，要克服偏激，首先要克服认识的偏见，学会全面、客观地分析处理问题。其次要善于站在对方的立场上，体谅他人的处境和困难。另外，看问题不能抓住一点不及其余，只见树木，不见森林，或者把自己当做局外人指手画脚地评头论足，而是要用辩证的观点去全面、客观地分析，既要看到问题，还要看到成绩；既要看到黑暗面，又要看到光明一面，并以主人翁的姿态，投身到改革现实的实践中去。

（二）冷静行事

偏激急躁的人易出现偏差，把好事办坏。如果知道自己有思想偏激、容易急躁的毛病，就要学会控制自己的情绪，遇事要提醒自己冷静、沉着、三思而行，切忌不要感情冲动，急于做出反应。如果对社会或单位存在的弊端有看法，发议论，一定要注意场合、对象和分寸。否则，就与自己原有的积极动机相悖，带来消极的社会效果，还会带来是非，影响人们之间的关系。

（三）学会等待

波斯诗人萨迪说："事业常成于坚忍，毁于急躁。我在沙漠中曾亲眼看到，匆忙的旅人落在从容者后面，疾驰的骏马落在后头，而缓步的骆驼走在前面。"巴尔扎克说过："人类所有的力量，只是耐心加上时间的混合。所谓强者既有意志，又能等待时机。"偏激急躁的人，易于盲目而行，急于求成，结果往往把事情搞糟。这就要求我们要学会等待，因为解决某个问题，完成一个任务，总是要在一定的主客观条件都成熟时再行事。

（四）善于自我调节

克服偏激急躁的毛病，还要善于自我调节不良的情绪。无数事实证明：不良情绪会酿成大错。调节情绪，保持良好的心境的方法是：

1. 要培养乐观向上的精神，不要为眼前的成绩得意忘形，更不要因小事而伤肝动怒。

2. 要通过自我暗示法提醒自己在遇到强烈刺激"沉不住气"的时候，要"耐心""别慌""冷静"，要有"猝然临之而不惊，无故加之而不怒"的大家风度。

3. 让家人和朋友在自己偏激急躁时，及时提醒开导，也是一种有效的方法。

七、克服嫉妒

（一）克服你对他人的嫉妒

在我国辞典中，认为"嫉"是憎恨比自己好的人，"妒"是埋没贤良的人。从心理学上来看，嫉妒感是由于嫉贤妒能，生怕别人超过自己而产生的一种情绪体验，是一种狭隘心理。嫉妒实质是对某些方面比自己强的人产生的一种忌恨。黑格尔说："嫉妒是平庸的情调对卓越才能的反感。"意大利诗人但丁说过："骄傲、嫉妒、贪婪是三个灾星，它们使人心爆炸。"嫉妒者看到他人的才华、进步、成绩、专长甚至相貌超过自己时就不舒服，不愉快甚至恼怒，千方百计采取诽谤、贬低、攻击和背后议论等方式进行诋毁，甚至妄图置人于死地而后快。历史上诸如孙膑致残、韩非致死、屈原放逐、柳宗元被贬等，除了社会政治原因外，都是受嫉妒者的迫害所致。

嫉妒不仅害人，而且害己。德国心理学家梅赫德说，大部分容易嫉妒的人都会出现一些身体的疾病，如胃痛、背痛等。嫉妒如任其发展，会使人变得虚伪、狡诈、颓废、仇恨，甚至堕落犯罪。巴尔扎克说过："嫉妒者比任何不幸的人更为痛苦，因为别人的幸福和他自己的不幸，都将使他痛苦万分。"

嫉妒之心人人有之。那么如何将自己的嫉妒之心引向竞争、赶超的正确轨道?

1. 自省法克嫉。

就是要彻底认识嫉妒是以害人的目的开始,以害己的结果告终,并腐蚀社会风气,危害事业的发展和社会进步,从而产生厌恶情绪,并在心理和行动上自发克制嫉妒感的产生。

2. 竞争法超越。

从心理上看,嫉妒是一个人内在软弱自卑的表现。嫉妒者因心灵巨大创伤和某种无法补偿的缺陷,无力与强者竞争,又怕别人超过自己,这种心理上的难过只得用贬低别人来求得补偿。认识到嫉妒的实质后,就要做一个敢于向强者挑战的人,把嫉妒心变为赶超力,努力超过对方,达到对手以上的成就。否则,绞尽脑汁地想把对方搞下来或者采取攻击、议论、贬低的手段,既在众人面前暴露自己的狭隘、自私、无能,又会受到他人的鄙视和惩罚,使自己陷入更大的痛苦之中。

3. 转移法消嫉。

就是有意识地转移自己的思维内容,或者把自己投进繁忙的学习、工作中去,事情一忙,人的注意力就会专于新从事的工作,而无暇去胡思乱想。另外,也可有意识地把注意力调节到自身的优势和对方的劣势上。当你嫉妒某人时,总是因为他在某些方面的优势深深触动了你,而自己此方面又恰恰是劣势。这一差异正是你产生嫉妒感的刺激源。如果调节一下自己的注意力中心,即看到自己优于对方的另外一些方面,原先失衡的心理就会重新获得平衡。

4. 拓宽法驱嫉。

嫉妒感严重的人往往目光短浅,气量狭小,自我膨胀。他们凡事只想到自己,不甘人下,不把别人的成绩看成是对社会的贡献,而首先看成是对自己的威胁。因此,要驱嫉,就要铲除私念,拓宽心胸,一要容人,即要容得下异己之心,又要乐纳强己之人,真正做到:己欲立先立人,己欲达先达人。二要自知，繁花似锦，总有凋谢之时；华亭如盖，难于经世不衰。一个人不可能样样比别人好，事事比别人强，因此，在学习生活中，既要不服输，又要服输。要善于博采他人精华，不断丰富完善自己。明乎此，对于好胜心过强的人，可在很大程度上驱除嫉妒心理。

（二）克服他人对你的嫉妒

被嫉妒，假如是轻微的，可能还有刺激一下自己优越感的快意，但受到强烈的嫉妒和诋毁时，就会非常恼火和痛苦，并影响与其和睦相处。因此，被嫉妒者要善于处嫉。

1. 热心消嫉。

在日本三鬼阳之助先生的著作《政治力》中有一段这样的故事。有一位水泥公司总经理，他工作中勤勤恳恳，从不吹牛，将一切好的事情都当做部下的功劳，并喜欢谈部下的好处。他这种态度，使他一帆风顺地从营业部经理、董事、常务董事而步步高升，最后登上总经理的宝座。通常对于像这位总经理这样一帆风顺的人，周围的人对他会投以嫉妒的眼光，可是这位总经理不仅没有受到嫉妒，大家还希望由他来当总经理。也就是说，这个平常就对周围的人给予关心，以此来防止部下对自己的嫉妒。因此，对不如意的人给予关心，可以降低嫉妒的程度。

2. 示弱化嫉。

在一所高中学校，教务主任是一位刚从名牌学校毕业不久的教育学研究生，有一位资历较深年纪较大的老师逢事必与其针锋相对。教务主任知道他在嫉妒他，因为每当他主张应用新的教育理论时，对方就有意地引用学校的惯例或强调自己的经验而拒不相让。因此，有一天教务主任约这位老师个别谈话，他说他自认为对最近的教育理论有相当的研究，可是最糟的是缺乏经验，而且也不太了解本地的环境与习惯等情况，从此，这位老师对他也不再那么气愤地对立了。嫉妒必是对处在优越地位的人发泄的。因此，被嫉妒的人将自己的缺点坦白公开，可以缓和对方自卑感，使之产生与自己一样的平等感，起到缓和嫉妒的作用。

3. "净化"泄嫉。

"净化"是精神分析学上的用语,指感情的净化,心理压抑的解脱。嫉妒者心中毫无例外地都具有无处发泄的愤恨,感情上是处在非常不愉快的状态。因为表示嫉妒会被认为不是光明正大的行为,故无法对人提起,因不能暴露使心情更加沉重,因此要设法帮助加以净化,要利用各种机会,创造一种融洽的气氛,取得当事人全面的信任,让他泄出心中的郁闷,并巧妙地加以说服和感化。

4. 大肚容嫉。

嫉妒之心人人有之,要以宽宏大量的态度容忍谅解对方的嫉妒心理,并热情帮助对方克服困难,携手共进。另外,当取得成功或成就时,不要恃才自傲,获胜自喜,要尊重对方,热情邀请对方共同分享自己的快乐等。

如果以恨对嫉,小气量对窄心肠,就会火上加油,两败俱伤。

5. 拉大距离止嫉。

遭到他人嫉妒,要充分认识是由于自己与对方的距离没有拉开。因为嫉妒具有对等性,也就是说,嫉妒更多的是在能力、地位、年龄等对等的圈子里由差异产生的。消除他人嫉妒的最好办法是继续努力,加大前进的步伐,拉大与嫉妒者的距离,使其望尘莫及、自叹弗如而偃旗息鼓不再嫉妒。

(三)从慎交友防嫉

常言说:"选邻要谨,择友必慎。"最防不胜防和最可怕的嫉妒,往往来自于最了解自己的人或是知心朋友。因此,与那些爱搬弄是非、心胸狭窄的人结交应谨慎。要善于和善良坦诚、大度宽宏、豁达明快者推心置腹,以免被人抓住"小辫子"作为攻击的把柄。

八、告别孤独

人人都可能有孤独的时候,但并非人人都能够战胜自己的孤独感。

孤独,并不单纯是独自生活,也不意味着就是独来独往。一个人独处,可能并不感到孤独;而置身于大庭广众之间,未必就没有孤独感产生。

战胜孤独的秘诀何在呢？

（一）战胜自卑

因为自觉跟别人不一样，所以就不敢跟别人接触，这是自卑心理造成的一种孤独状态。这就跟作茧自缚一样，要冲出这层包围着你的黑暗，你必须首先咬破自卑心理组成的茧。

其实，大可不必为了自己跟别人不一样而忧思重重，人人都是既一样又不一样的。只要你自信一点，钻出自织的"茧"，你就会发现跟别人交往并不是一件难事。

（二）与外界交流

独自生活并不意味着与世隔绝。一个长年在山上工作的气象员说，他常常感到有必要把自己的思想告诉人家，可是他的身边却没有人可以倾诉，所以他就用写信来满足了自己的这一要求。

当你感觉到孤独的时候，翻一翻你的通讯录，也许你可以给某位久未谋面的朋友写封信；或者，给哪个朋友打一个电话，约他去看一场周末上映的电影。

九、获得尊重的技巧

每个人都期望能获得他人的尊重。常言道：要想得到别人的尊重，先得自己尊重自己。这里为你推荐的是要获得尊重应该做到的几点。

（一）及时完成各种计划

对于预定的计划不管是学习方面，还是生活方面，都应该力求及时完成，这是起码的要求。

（二）临危不乱

每个求上进的人都会在生活中遇到人为和客观阻碍的考验。要让别人感到即使是在最困难与危急的关头，你仍然是个有理智、充满自信、勇于克服困难的人。

（三）保持风度

如果有人恶语中伤你，你可以告诉他这样做并不表明他比别人强。

（四）守时

不管是对事先的约会或是其他的邀请，都应守时、守信。因为没有人在心里会喜欢迟到而又借助原因道歉的人。

（五）不要张扬自己的缺点

自己有哪些不足应有自知之明，并力求改正。

（六）主动和人言归于好

如果与同学、邻居和朋友等有了隔阂，应该主动、真诚去消除。这样做会让人觉得你是一个心胸宽阔的人。

（七）要注意人家的谈话

作为听者在他人对你谈话时，要认真地听讲。也许你对他的话不大感兴趣，但你可以试着从对方的表情去了解你应该了解的，或者在适当的时候发表你的观点。

（八）主动帮助同学

同学之间有着兄弟般的关系。不管谁有了困难，都应伸出温暖之手，互相照应，使长期一起相处的环境充满友爱与生机。

（九）保持良好的仪表

衣着整洁、待人和气会使人觉得你充满新鲜与朝气，乐意与你交往，并且会有一种内在的自然和安全感。

十、消除紧张情绪

1. 一开口就声音洪亮，就不会怯场。

2. 服装方面，如果有一件较豪华的衣服，你也许会有一种自我欣赏感觉，增加自信心。

3. 论辩之前，如果遇到不愉快的事，要利用很短的时间，使自己的心情转为愉快。

　　比如，走到书摊，翻看你喜欢的杂志；看几则笑话，大笑一番；逛逛附近的百货店，欣赏悦目的商品……

　　4. 对手可能使你怯场时，设法提早论辩的时间。

　　5. 以轻快的步调走到会场，心情会轻松许多。

　　6. 提早到达会场，心理上就不会那么畏畏缩缩。

　　7. 保持眼睛的高度跟对方齐等的地步，精神压力就会减轻不少。

　　8. 选场所最好选择自己熟悉的地方，如果办不到，至少也要选择双方都不熟的地方。

　　9. 遇到可能使你畏缩的对手，说话的时候要一直注视对方的眼睛。

　　10. 把关键问题提早说出来，紧张感就会缓和。

　　11. 怯场时坦白向自己承认："我有点怯场了，真不像话!"只要意识到了，你就不再那么紧张。

　　12. 如果你感到在气势上已被对方压倒时，不妨拿出一张纸，胡乱涂写。这一办法有两个作用：对自己来说由于随意胡乱涂写，手指频动之时，紧张感就大见缓和。另一作用是可以搅乱对方心理，分散其注意力。

　　13. 论辩之前，想出一些自己的优点和成就，就会产生较大信心。

　　14. 告诉自己："我紧张、不安，对方也会与我产生同样感觉。"这样，你的心理会坦然些也会增加勇气。

　　15. 告诉自己："我的对象与我一样，不过是个平凡的人。"这样就不会使你被对方的社会地位或头衔吓倒。

　　16. 为了防止论辩突然中止时发生尴尬气氛，事先要带些资料、备忘录之类的东西，以便随时可以若无其事地翻看。

　　17. 当你忽然被对方的问题难住（无法回答），要立刻反过来问对方有关的另一个问题。

　　18. 发现自己说错了话，就立刻在脑里想起与此全然无关的事情。

　　19. 发现自己很紧张，你就把所有动作缓慢下来。

第二章
告别自卑，树立自信

超越自卑

自卑沮丧是一种性格上的缺陷，它表现为对个人的能力和品质评价偏低，因而使人忧郁、悲观、孤僻。自卑的人常常自惭形秽，觉得自己处处不如人，总感到别人瞧不起自己；他们事事回避，处处退缩，不敢抛头露面，不敢与人竞争，不敢实践，害怕当场出丑，因而泯灭了自己的才华和进取的时机，成为失败的俘虏和被人轻视的对象。

一、自卑与自欺

我们每个人都有不同程度的自卑感，因为我们发现我们自己所处的地位是我们希望加以改进的。如果我们一直保持着我们的勇气，我们就能以直接、实际而完美的唯一方法改进环境，来使我们脱离掉这种感觉。

没有人能长期地忍受自卑之感，它一定会使他采取某种行动，来解除自己的紧张状态。

如果一个人已经气馁了，如果他不再认为脚踏实地的努力能够改进他的情境，他仍然无法忍受他的自卑感，他仍然会努力设法摆脱它们，只是他所采用的方法却不能使他有所进步。

它的目标仍然是"凌驾于困难之上"，可是他却不能再设法克服障碍，反倒用一种优越感来自我陶醉，或麻木自己。同时，他的自卑感会愈积愈多，因为造成自卑感的情境仍然一成不变，问题也依旧存在。他所采取的每一步骤都会逐渐将他导入自欺之中，而他的各种问题也会以日渐增大的压力逼迫着他。

如果我们只看他的动作，而不设法予以了解，我们会以为他是漫无目标的。他们给我们的印象里，并没有要改进其环境的计划。

我们所看到的是：他虽然像其他人一样地全心全力要使自己觉得顺当，可是却放弃了改变客观环境的希望，他所有的举动都沾染有这种色彩。如果他觉得软弱，他会跑到能使他觉得强壮的环境里去。

他不把自己锻炼得更强壮，更有适应能力，而是训练自己，使自己在自己的眼中显得更强壮。他欺骗自己的努力只能获得部分的成功。

如果他对这类盘旋不去的问题觉得应对无力，他可能会变成专制的暴君，以重新肯定自己的重要性。

他可能用这种方式来麻醉自己，但是真正的自卑感仍然原封不动。它们依旧是旧有情境所引起的旧有自卑感。它们会变成精神生活中长久潜伏的暗流。在这种情况下，我们便能称之为"自卑情结"。

现在，我们应该给自卑情结下一个定义——

当一个人面对一个他无法适当对付的问题时，他表示他绝对无法解决这个问题，这时出现的就是自卑情结。由这个定义，我们可以看出，愤怒和眼泪以及道歉一样，都可能是自卑情结的表现。由于自卑感总是造成紧张，所以争取优越感的补偿动作必然会同时出现，但是其目的却不在于解决问题。

争取优越感的动作总是朝向生活中没有用的一面，真正的问题却被遮掩起来或放弃不谈。一个人限制了他的活动范围，苦心孤诣地要避免失败，而不是追求成功。他在困难面前会表现出犹豫、彷徨，甚至是退却的举动。

二、生理缺陷及其克服

最初，"自卑"的概念主要是生理机能上的，生理上的缺陷常引起主观上的自卑感，它带有柔弱、服从、依附的品质，让这种自卑感发展下去，就属于弱者。

不能配合环境，而且也无法满足环境要求的肉体，通常都会被心灵当做是一种负担。

因此，身体器官有缺陷的人在心灵的发展上比其他人蒙受了更多的阻碍，他们的心灵也较难影响、指使并命令他们的肉体趋向优越的地位。他们需要用更多的心力，并且必须比别人更集中心意，才能获得相同的目标。

所以，心灵会变得负担过重，而他们也会变得以自我为中心而只顾自己。如果一个人老是受着器官缺陷和行动困难的困扰，他们就没有多余的注意力可供留心外界之用。他根本找不到对他人发生兴趣的闲情逸致，结果他的社会感觉和合作能力的发展便较其他人为差。

器官的缺陷造成了许多阻碍，但是这些阻碍却绝不是无法摆脱的命运。

如果心灵主动地运用其能力以设法克服困难，则个人可能会和原先负担比较轻的人一样成功。

事实上，器官有缺陷的人，尽管遭受到许多困扰，他们却经常比身体正常的人有更大的成就。

身体阻碍是一种能使人向前迈进的刺激。例如，视力不良的人可能因为他的缺陷而感到异常的压力。他要花费较多的精力，才能看清东西。他对视觉的感觉必须给予更多的注意力。他也必须更努力地区分色彩和形状。结果，他对视觉的世界就比不须努力注意微小差异的人有更多的体验。

下面是一个卡耐基讲给我们的故事：

我知道一个断掉两条腿的人，他把他的负变正。他的名字叫班·符特生。我是在乔治亚州大西洋城一家旅馆的电梯里碰到他的。在我踏入电梯的时候，我注意到这个看上去非常开心的人，他的两条腿都断了，坐在一张放在电梯角落里的轮椅上。当电梯停在他要去的那一层楼时，他很开心地问我是否可以往旁边让一下，让他转动他的椅子。"真对不起，"他说，"这样麻烦您。"——他说这话的时候脸上露出一种非常温和的微笑。

当我离开电梯回到房间之后，除了这个很开心的跛子，什么别的事情也不能想。于是我去找他，请他把他的故事告诉我。

"事情发生在1929年，"他微笑着告诉我："我砍了一大堆胡桃木的枝干，准备做我的菜园里豆子的撑架。我把那些胡桃木枝干装在我的福特车上，开车回家。突然间，一根树枝滑到车上，卡在引擎里，恰好是在车子急转弯的时候。车子冲出路外，撞在树上。我的脊椎受了伤，两条腿都麻木了。

"出事的那年我才 24 岁，从那以后就从来没有走过一步路。"

才 24 岁，就被判终身坐着轮椅过活。我问他怎么能够这样勇敢地接受这个事实，他说："我以前并不能这样。"他说他当时充满了愤恨和难过，抱怨他的命运。可是时间仍一年年过去，他终于发现愤恨使他什么也做不成，只有对别人的恶劣态度。"我终于了解，"他说，"大家都对我很好，很有礼貌，所以我至少应该做到的是，对别人也很有礼貌。"

我问他，经过了这么多年以后，他是否还觉得他所碰到的那一次意外是一次很可怕的不幸？他很快地说："不会了，我现在几乎很庆幸有过那一次事情。"他告诉我，当他克服了当时的震惊和悔恨之后，就开始生活在一个完全不同的世界里。他开始看书，对好的文学作品产生了兴趣。他说，在 14 年里，他至少读了 1400 本书，这些书为他带来很新的境界，使他的生活比他以前所想到的更为丰富。他开始聆听很多好音乐，以前让他觉得烦闷的伟大的交响曲，现在都能使他非常感动。可是最大的改变是，他现在有时间去思想。"有生以来第一次，"他说，"我能让自己仔细地看看这个世界，有了真正的价值观念。我开始了解，以往我所追求的事情，大部分实际上一点价值也没有。"

看书的结果，使他对政治有了兴趣。他研究公共问题，坐着他的轮椅去发表演说，由此认识了很多人，很多人也由此认识了他。今天，班·符特生——仍然坐着他的轮椅——是乔治亚州政府的秘书长。

卡耐基说：我愈研究那些有成就者的事业，就愈加深刻地感觉到，他们之中有非常多的人之所以成功，是因为他们开始的时候有一些会阻碍他们的缺陷，促使他们加倍地努力而得到更多的报偿。正如威廉·詹姆斯所说的："我们的缺陷对我们有意外的帮助。"

不错，很可能米尔顿就是因为瞎了眼，才能写出更好的诗篇来。而贝多芬是因为耳聋，才能创作出更好的曲子。海伦·凯勒之所以能有光辉的成就，也就是因为她的瞎和聋。

"如果我不是有这样的残疾，"达尔文写道："我也许不会做到我所完成的这么多工作。"这个在地球上创造生命科学的基本概念的人坦白承认他的残疾对他有意想不到的帮助。

当命运交给我们一个柠檬的时候，让我们试着去做一杯柠檬水。

由此可见，只要心灵找出了克服困难的正确方法，有缺陷的器官就能成为重大利益的来源。

在画家和诗人之中有许多人都曾遭受视力缺陷之苦。这些缺陷被训练有素的心灵驾驭之后，它们的主人就比正常人更能运用他们的眼睛来达到多种目的。

在天生惯用左手而又未被当做是左撇子看待的人之中，也很容易看到同样种类的补偿。

在家庭里，或在其学校生活开始之际，他们会被训练运用他们不灵巧的右手。事实上，它们是不十分适合于书写、绘画或做手工艺的。但是，如果心灵能被妥善运用以克服这种困难，我们相信：不灵巧的右手必定会发展出高度的技巧。

事实也是这样。在许多例子中，惯用左手的人都比其他人学会较漂亮的书法，较有绘画的才能，在工艺方面也较有技巧。寻找出正确的技术后，再加上兴趣、训练和练习，他们就能够将劣势转变成优势。

只有决心要对团体有所贡献而兴趣又不集中于自己身上的人，才能成功地学会补偿其缺憾之道。只想避开困难的人，必将继续落在他人之后。

只有在他们眼前有一个可供奋斗的目标，而这个目标的实现又比挡在前面的障碍对他们更为重要的时候，他们才会继续奋勇前进。这是他们的兴趣和注意力指向何处的问题。如果他们努力地争取某种身外之物，他们自然会训练自己，使自己具有获得它们的能力。

困难只是通向成功之路必须克服的关卡。反过来说，如果他们的兴趣只在于担心他们不如别人，或除了想摆脱它们外，就没有其他目标和自身落后状态争战，那么他们就不会真正的有所进步。

一只笨拙的右手是无法用凭空幻想、希望它们较不笨拙甚至避开笨拙等方法，来训练使其成为灵巧的。它们只有在练习出实际的成就之后，才会变得较为灵巧；而达到这种成就的诱因，也必须比长期存在的笨拙所造成的气馁，更深刻地被人感觉到。

如果一个人想要集中全力来克服他的困难。那么在他身外必须有一个他要全力以赴的目标，这个目标是以他对现实的兴趣，对别人的兴趣，以及对合作的兴趣为基础的。

三、让自卑见鬼去吧

自卑有时是人才的自我埋没和扼杀。许多人的失败，不是因为他们不能成功，而是因为他们不敢争取。1951 年，英国一位叫富兰克林的人，从自己拍的极好的 DNA 的 X 射线照片上发现了 DNA（脱氧核糖核酸）的螺旋结构。随后，她就这一问题做了一次讲演，然而由于自卑，不敢坚持自己的假说是正确的，便放弃了这个发现。1953 年，美国科学家沃森和英国科学家克里里克，也从照片上发现了 DNA 的分子结构，提出了著名的 DNA 双螺旋结构学说，它标志着生物学时代的到来。因而他们在 1962 年获得了诺贝尔医学奖。可以设想，如果富兰克林不自卑，而是坚持自己的学说，进行更深的研究，这个伟大的发明就会以她的名字载入史册。科学和现实生活中，类似这样由于自卑而自我埋没的事例是很多的。因此，矫正自己的自卑心理，是走上成才之路的关键。

自卑心理产生的根源有三：一是由消极的社会评价而导致的消极的自我认识。由于经常遭到他人的训斥、贬低、挖苦，因而心目中形成了一种消极低下的自我认识，这种落后消极的自我认识正是导致行为怯弱、退缩、落后的根源。二是选择的事业不能用己所长，或自我目标和渴望值过高，结果屡遭失败，渐渐泯灭了自信心，自卑者总是觉得自己不行，不如人家。事先这种消极的自我暗示，就会增加心理负担和紧张感，从而抑制自己能力的发挥，产生不佳的效果。这种不良的效果又会形成一种消极的反馈作用，加深其自卑感。另外，自己无法弥补的生理缺陷和重大的打击也会导致自卑心理的产生。

每个人都会有自卑感，但不同的人可能有不同的选择——

其一是自惭形秽，被自卑所压倒，在消沉中萎靡不振，在忧郁的情绪中越陷越深而不能自拔，形成恶性的"自卑情结"。

其二是刺激起相当强烈的反抗心理，急于改变自卑的地位，不顾他人的利益，极端地自私，形成专注于自我的狂热的"优越情结"。这是和极端的自卑者完全相反的人格类型，由于他缺乏社会责任感和合作精神，同时过分妨碍他人，往往也遭到失败的结局。

其三是上述二者的中间型，他既正视自己的自卑，图谋克服和超越，更清楚人是社会的动物，人与人之间既有冲突，也有合作，而自我的成功就需要在合作中达成，需要兼顾他人的利益，这是一种理性的健康的优越人格，看看当今的社会，这样的人才如鱼得水，无往不胜。

如何战胜自卑，成为一个自信的人呢？

（一）改变对自己的看法和评价

自卑的人由于自我轻视，因而心中对自己要成为什么人的标准也较低。因此，要成为自信的人，首先要正确对待社会和他人的贬抑性评价，充分认识、肯定自己的长处和优势，改变对自己的认识。他人仅凭一时一事作出的评价，往往是不足为训的。科学巨匠牛顿，在学生时代是有名的"懒汉"；一生有1000多项发明的爱迪生，上小学时被老师认为"智力迟钝"，刚念三个月书就被开除了；爱因斯坦在学生时代被老师认为"懒狗""永远不会有出息"，谁能料到，他竟然创立了震撼世界的狭义相对论。这一切说明，社会的评价并不是完全正确的。切不可屈从社会的贬低和鄙视，否定自己的过人之处。马克思曾说过，伟人之所以高不可攀，是因为你自己跪着。站起来吧！事实也正是如此，只要你勇于实践，你就发现，别人能做到的，你经过努力一定也能够做到。

（二）修正心目中做人的标准

心理学家通过大量的实验发现：一个人的品行、成就永远不会超过其自信心的限度。一个人只有认为自己是美的、善的、能够成功的，他才能去拼搏、去争取，尽力使自己成为自信的人。居里夫人说：自信是一切成功的基石，连自己都没有信心去做好的事情，很难会取得成功。因此不论是改变他人或自己，首先要改变自己心中的做人标准。

美籍物理学家钱致榕1982年参加南京大学建校80周年纪念活动时，说起他中学时代的一段经历，说明学生的自信心对学习的重要作用。新中国成立以前，社会风气很坏，也影响到了学校，很多学生考试作弊，不求上进。一位责任心很强的老师，为改变这种情况，从300个学生中挑选出60人组成了"荣誉班"。钱致榕当时是这个班的成员。荣誉班的学生被告知，因为他们有发展前途而被挑选上的。因此，"荣誉班"的学生个个心里高兴，他们对自己的前途充满了信心，严于律己，勤奋学习。结果，奇迹出现了，这个班的大多数学生后来成了有成就的人。后来，钱致榕教授遇到了当初组织"荣誉班"的那位教师，一问才知道，原来这60个学生是他随意抽签决定的，并未经过什么专门挑选。为什么标上一个"荣誉班"的标签就会出现奇迹呢？因为"荣誉班"的学生由于被告知他们"很有发展前途"才被挑选出来的，这就使这些学生产生了强烈的自信心。他们自尊、自爱、自强，终于成才。由此可见，自信是人才成功的基础。只有满怀自信的人，才能在任何地方都把自信沉浸在生活中，并实现自己的意志。

（三）制订适宜恰当的学习、生活目标

成功的喜悦体验是自信心产生的源泉。自卑的人一般比较敏感脆弱，经不起挫折的打击。如果对自己的期望值过高，目标定得太大，就易于受挫，从而导致自卑感的增加。因此，要获得成功的体验，提高自己的自信心，凡事不应常怀奢望，要知足常乐。如目标较大较高时，可将它分解为一个个易于成功的小目标，通过每个小目标的成功实现来激励自己，提高自己的自信心。

（四）努力升华、积极补偿

盲人尤聪，聋者尤明。这是生理上的补偿作用。人的心理也同样具有补偿能力。当自己遭受某种挫折打击或因生理缺陷受到困扰时，可以转而追求比较崇高的或价值更大的目标，借以弥补因失败而丧失的自尊、自信，减轻挫折、缺陷造成的痛苦。生活中"失之东隅，收之桑榆""勤能补拙"的事例屡见不鲜，亚历山大、拿破仑、纳尔逊，因为身材矮小，而立志要在军事上获得辉煌成就；苏格拉底、伏尔泰，因为自惭形秽，而在思想上痛下工夫，结果在哲学领域大放光芒。一位心理学家深刻地说："伟大的生命其实就是一部奋斗史，显示了借补偿作用而获得成就的可能性有多大。我们读达尔文、济慈、康德、拜伦、培根、亚里士多德的传记，就不会不明白，他们的优秀品格和一生的辉煌成就，从某种意义上来说，都是个人缺陷造成的。"挫折、缺陷是懦弱者自艾自怨、自我毁灭的理由，也是强者奋起补偿升华的动力。"自古英雄多磨炼，从来纨绔少伟男"。由此可见，人的缺陷和挫折失败并不可怕，可怕的是自己无决心，无志气，无毅力。

（五）大胆去做

培养自信心的另一个行之有效的途径，是要敢于去做。没有"敢"字，就谈不上任何自信的建立。戴尔·卡耐基在《人性的弱点》一书中说："大胆地去做自己害怕的事情，并力争得到一个成功的记录。"这样的事情敢于去做并且取得成功，那么，一些不可怕的事情也就更敢去做了。在做的过程中，自信逐步增强。卡耐基运用这个方法，使不少人摆脱了自卑的羁绊。

（六）进行积极的自我暗示和鼓励

当面临某种情况或活动，感到信心不足、心情紧张时，一是通过深呼吸使心情尽快平静下来；二是通过自我暗示给自己壮胆："你并不比别人差，一定能够取得成功！"三是不去想成功或失败的后果，而是抱着豁出去、闯一闯的心理去从事你的活动，从而减轻思想负担，增强信心，使能力得到充分发挥，用行动证明，别人能干的，自己也能干。

自信、勇气与热忱

我们心存热忱——并且表现出来，就能给自己信心。勇气依凭信心，一如获益于逆境的能力亦依凭自信。

曾有言："知识不如能力，能力不如品质。"一个人能否成功的决定性因素正在于他是否具备优秀的品质。品质当然是一种复杂的组合，但优秀品质中最重要的成分就是自信、勇气、热忱。

一个人如果建立了顽强的自信，对生活充满挚爱，而又有一种追求事业的狂热，勇于面对任何困难，那么他必将是人生这场韧性战斗的最终胜者。这种优秀的品质会支撑他去奋斗，激励他去尝试生活。没有知识，他会努力学习；缺乏能力，他会在锲而不舍的实践中获得，这样的人难道不正是人生的强者吗？

具备优秀的品质正是人生成功的决定因素！

一、自信——成功的第一要素

如果你觉得自己是有价值的人，你就会变成有价值的人，做有价值的事。

自信是使人走向成功的第一要素。如果你真正建立了自信，那么你就已经迈入了成功的大门。

自信会使你创造奇迹。古往今来，每一个伟大的人物在其生活和事业的旅途中，无不是以坚强的自信为其先导。拿破仑就曾宣称："在我的字典中没有不可能的字眼。"这是何等豪迈的自信，正是因为他的这种自信激起了无比的智慧和巨大的能力，才使他成为横扫欧洲的一代名将。

只有相信自己，才能激发进取的勇气，才能感受生活的快乐，才能最大限度地挖掘自身的潜力。

心理学家曾做了一个实验：将一只跳蚤放进杯中。开始，跳蚤一下就能从杯中跳出来。然后，心理学家在杯上盖上透明盖，跳蚤仍然会往上跳，但碰了几次盖后，碰疼了，慢慢就不跳那么高了。这时心理学家再将盖拿走，却发现那只跳蚤已经永远不能跳出杯子了，因为它将目标定到了不及盖的高度。对于我们不也正是这个道理吗？求上则可能居中，求中则可能居下。

你去应聘，如果在招聘人面前，自己对自己都没有信心，又怎能乞望别人信任你呢？如果自己都瞧不起自己，又怎能让别人瞧得起你呢？

何谓自信？内心的自信才是真正的自信。我们的社会分工不同，职位可以有高低，但我们的心灵不可以低下。只要心灵高贵，我们的人也就高贵。有高贵的心灵就是自信！这种自信会令你的气质高贵。我们可以很现实，甚至可以为小事斤斤计较，但我们的思想上要永远有狂放之情。情感的奔放、精神的狂暴也就是自信！这种自信会使你的气质浪漫而富有魅力。

（一）自信不是阿Q式的精神胜利法

现代心理学、逻辑学、生物学、人类学均证明人存在巨大的潜力。早期学者认为，一个正常人只运用了自身潜藏能力的一半；后来的研究又发现，一个正常人只运用了自身潜藏能力的10%。近代比较权威的看法是：正常人只运用了自身潜力的2%～5%。也就是说，最成功的人也只运用了自身潜力的5%；最失败的人，只要正常，也只运用了自身潜力的2%。他们之间的差距不会超过3%。总之，随着科学的越深入越发展，发现人的潜力就越巨大，我们所运用的部分就越少。苏联学者做了一个形象的比喻：一个正常人如果发挥了自身潜藏能力的一半，那么他将掌握40多种外语，学完几十门大学的课程，可以将叠起来几人厚的全苏百科全书，背得滚瓜烂熟。既然我们每个人都有如此巨大的潜力，那为什么不能相信自己，相信自己必将有所作为呢？

美国著名的人本主义心理学家马斯洛认为：自我实现的需要是人最高层次的需要。正如你需要空气、需要阳光，你也需要发挥自己的潜能。而自信正是挖掘内在潜力的最佳法宝。

如果你能顽强地相信自己，那么你才敢于奋力追求实现自身价值，才敢于去干事，也才会激发自己的潜能。那么你也正是在挣脱人性的枷锁而力求解放自己。

你不觉得生活中的许多问题、困难，实际上，正来源于你信心不足；一旦获得了信心，许多问题就将迎刃而解。自信能使你保持最佳状态，有助于激发你的潜能。

自信是一种美妙的生活态度。我们每一个人都应该珍惜自己，热爱自己，充分地相信自己。

记住，不经你承认，没有人能让你自觉低劣。

自信就像一根魔棒，一旦你真正建立了自信，你将会感觉自己驾驭生活能力的强劲，你将发现你整个人都会为之改观，气质会更优秀，能力会更强，随之你的生活态度也将变得更乐观，你的人生也会因此充满快乐。

（二）信心能孕育信心

世界酒店大王希尔顿，现在全世界遍布他的酒店分支机构，但他起家时只有200美金。那是什么秘诀使他获得成功呢？希尔顿回答："信心！"

开始希尔顿想筹建一个大酒店，由于没钱，他就用充满信心的行动和自信的语言到处游说，鼓动别人投资。最终他的信心感染了大家，大家纷纷投资。

但酒店建了一半时，突然有个人听信别人的谣言，对希尔顿产生了怀疑，要撤回投资。此时如果收回投资，酒店就建不下去，马上就会导致连锁反应，引起大家纷纷收回投资，而希尔顿此时已无法偿还这笔钱，很可能会因此坐牢。

面临这严峻的时刻，希尔顿镇定如常，首先从银行取回大笔现款，待那人来后，希尔顿首先问他：愿意要现金还是支票。然后拉开抽屉给他看满抽屈的现金和支票。那人看后，说要支票，希尔顿就说："如果你走时，仍要收回投资，那么这些支票就给你。"

希尔顿这番举动和言行稳住了对方的心，让他能心平气和地听自己说话。如果此时，马上就辩驳不能收回投资，对方的逆反心理一定会令他更加想收回投资。接着希尔顿就充满信心地告诉他，投资后将来会有什么收益，如果现在收回投资，不仅没有收益，还要为破坏合同而赔款，岂不是得不偿失。最终那人被希尔顿说服，没有收回投资，这样也为希尔顿的成功铺平了道路。

信心能孕育信心。你能通过充满信心的活动促使别人对你和你的意见产生信心。作为领导者，特别是关键时刻更要表现得信心百倍，如果你都丧失信心了，那别人就一定更加恐慌。

拿破仑被流放到一个小岛，逃出来后，法国国王派大军去捉拿他，拿破仑随从都劝他快跑，拿破仑却说："跑什么？我是他们的元帅，他们是我的士兵，为什么要跑？"拿破仑迎着捉他的军队走过去，仍然以元帅的气度指挥他们，结果这批军队反而跟他回去抓国王了。

人往往都是软弱的、被动的，特别在关键时刻就更容易犹疑不定，此时稍遇挫折，就会全线崩溃。所以强者对于大众是必须的，他要在关键时刻出来振奋、召唤大众，也就是要善于用他的信心去激发大众的信心。

（三）丧失信心将导致失败

如果说自信不一定让你成功，那么丧失信心却一定会失败。有一位乒乓球运动员，在国内屡战屡胜。一次，代表国家队参加世界锦标赛，临赛前的一天晚上，她患得患失，承受不住心理压力，用刀将自己的手腕割破，谎称有人行刺她后跑了。结果这件事被查出，成为国际上一大丑闻，为此国家队将她开除出队。

但在随后的国内比赛中，她又屡屡获胜，为了给她机会，又重新召她回国家队。在一次重大国际比赛中，某国的一名运动员，以前没赢过她。开始，这位运动员连赢两局，第三局对方赶上几分后，这位运动员信心开始动摇了，结果连输三局。外电评论这位运动员不是输在技术上，而是输在信心上。

反观我国另一名优秀乒乓球运动员，在国内比赛很少能进入前三名，但对国外选手却从没输过，被誉为乒坛魔术师。他的技术算不上顶尖，之所以能取胜，在于他那种高昂的斗志和顽强的精神。在比赛中他总喜欢用力挥舞着拳头给自己鼓劲。每发一个球，他就要用力跺一下脚；每打一个好球，他就要绕场跑几圈。在一场对瑞典运动员的比赛中，比分 15 比 20 已经落后，且为瑞典运动员发球。这时我国这名运动员站在球台的一端，用双眼狠狠地看着瑞典运动员，这种无形的精神压力，使瑞典运动员顿时紧张起来，结果反而以 20 比 22 输掉了这局。

我国运动员这种高昂的精神斗志，使国外选手无法逾越这道雄关，国际乒联为此不得不专门修改规则：发球不许跺脚、不许转球拍等。太自豪了，一个人居然迫使国际乒联专门为他修改规则，这不值得骄傲吗？

一个人之所以失败，是因为他自己要失败；一个人之所以成功，是因为他自己要成功。

（四）自信与谦虚是辩证统一的

我们每一个人都应顶天立地地做人，不奴颜婢膝，不猥琐卑劣，我们的地位可能卑微，我们的金钱可能不如他人多，但我们的灵魂和任何人都是平等的，我们的心灵和任何人都是同样的高贵。自信正是我们每一个人做人的最基本要素。如果每个人都能真实地建立自信，那么这个世界就太美好了！真正的自信绝不应仅仅停留在思想上，真正的自信应该渗透进你的行动，影响你的一言一行，在你的处世为人中显现出来。

但要注意，这里我没有丝毫教你张牙舞爪弄得鸡飞狗跳的意思。这种自信是表面的，是不堪一击的，是不成熟的表现。真正的自信是内心深处对自己神圣的认可，也就是灵魂深处的。只要你内心充溢着自信，那么在潜意识中，或者说不知不觉中就会影响你的举手投足、处世为人，会使你人生更快乐。

自信也并不是说不要谦虚。如果我将自信喻为一种精神上的狂放、一种浪漫，那么谦虚就是注重现实，就是尊重他人的一种表现。你既然承认自己的潜力，你也应该承认别人的潜力。

老子说："江海所以能成百谷王者，以其善下之，故能为百谷王。"百川之所以汇集江海，因为它善处下游地位，所以能成为百川之王。这正是老子对谦虚作用的写照。这个社会上真正成功的人士往往都是懂得谦虚待人的。因为他们才真正理解世事的艰难，行为处世的重要。你注意过没有，凡是那些说话"冲冲"的、行为飞扬跋扈的、目空一切的，往往都是年轻人，或者说没有经受过生活磨难的。

木秀于林风必摧之。谦虚不仅是一种美德，更重要的，它还是有助于你成功的待人方式。人的潜意识中都是争强好胜的。你有本事大家会佩服你，但如果表现得太过分，伤到了别人的自尊时，别人就会告诉你："少了你地球也照转。"

（五）附：索洛维契克《谈自信》

谈 自 信

〔苏〕索洛维契克

缺乏自信常常是性格软弱和事业不能成功的主要原因。

有一个美国外科医生，他以善作面部整形手术驰名遐迩。他创造了许多奇迹，经整形把许多丑陋的人变成漂亮的人。他发现，某些接受手术的人，虽然为他们做的整形手术很成功，但仍找他抱怨，说他们在手术后还不漂亮，说手术没什么成效，他们自感面貌依旧。

于是，医生悟到这样一个道理：美与丑，并不仅仅在于一个人的本来面貌如何，还在于他是如何看待自己的。

一个人如自惭形秽，那他就不会成为一个美人，同样，如果他不觉得自己聪明，那他就成不了聪明人，他不觉得自己心地善良——即使在心底隐隐地有此种感觉，那他也就成不了善良的人。

一个人只要有自信，那么他就能成为他希望成为的那样的人。

有这么一件事：心理学家从一班大学生中挑出一个最愚笨、最不招人喜爱的姑娘，并要求她的同学们改变已往对她的看法。在一个风和日丽的日子里，大家都争先恐后地照顾这位姑娘，向她献殷勤，陪送她回家，大家以假作真的打心里认定她是位漂亮聪慧的姑娘。结果怎样呢？不到一年，这位姑娘出落得很好，连她的举止也同以前判若两人。她聪明地对人们说：她获得了新生。确实，她并没有变成另一个人——然而在她的身上却展现出每一个人都蕴藏的美，这种美只有在我们相信自己，周围的所有人也都相信我们，爱护我们的时候才会展现出来。

许多人以为，信心的有无是天生的，不变的。其实并非如此。童年时代受人喜爱的孩子，从小就感觉到自己是善良、聪明的，因此才获得别人的喜爱。于是他就尽力使自己的行为名副其实，造就自己成为他自信的那样的人。而那些不得宠的孩子呢？人们总是训斥他们："你是个笨蛋、窝囊废、懒鬼，是个游手好闲的东西！"于是他们就真的养成了这些恶劣的品质，因为人的品行基本上是取决于自信的。我们每个人心目中都有各自为人的标准，我们常常把自己的行为同这个标准进行对照，并据此去指导自己的行动。因之，我们要使某个人变好，就应对他少加斥责，要帮助他提高自信力，修正他心目中的做人标准。如果我们想进行自我改造，进行某方面的修养，我们就应首先改变对自己的看法。不然，我们自我改造的全部努力便会落空。对于人的改造，只能影响其内心世界，外因只有通过内因才能起作用。这是人类心理的一条基本规律。

对真善美的自信，于我们至为重要。我们总是本能地竭力保持这种自信改造成的形象。我们也接受别人的批评，但我们接受的只是那些善意的和那些我们认为对自己信任和爱护的人的批评。若是有人伤害我们的自尊心，即以己之见贬低我们，训斥我们，漫骂我们是笨蛋、呆子时，我们便愤然而起，进行反击。我们的心理自发地护卫着自己，护卫着人最可宝贵的品格——自信心。假若有人削弱了我们的自信心，那我们真的就会堕落，我们追求真善美的意志就会衰退。

二、要有行动的勇气

建立了自信，有了目标，认清了环境还不够，还要有行动的勇气，世界上没有一件事可以完全确定和保证成功。成功的人和失败的人的区别，不在于主意的好坏、能力的大小，而在于是否相信自己的判断，敢于适度冒险，并采取行动。

很多人一方面觉得精力充沛，另一方面又感到无聊、忧虑、痛苦，感到充沛的精力无从发泄。那你何不认真地分析自己的环境、条件，选择一个目标，勇敢地去行动呢？

卡耐基课程训练的主要目的是培养自信。大部分参加的学员说，他们虽然也得到其他的益处，但是自信心的增加则是最主要的收获。

卡耐基认为教师的责任是："征服畏惧以及培养仪态、勇气和自信。"帮助一个人在生活中克服自我心理障碍并建立信心的最好方法，就是让他在一组人面前陈述自己的看法。他说：

"由于我们知道批评一个人的发音、文法、音调和姿态，只会增加——而不是除去——一个人的自惭和畏惧，因此我们先不批评这些。只有让他获得成就感和胜利感之后，才能帮助他培养勇气和自信。"

玛丽·魏丽丝是个盲人，她在纽约市参加了卡耐基课程。一个盲人犬带她走进教室。她难以克服的恐惧感使她怕在教室里发表演讲。老师和同学都想尽一切办法去鼓励和帮助她克服这种畏惧。

几个星期之后，玛丽已开始不再为此事而大伤脑筋了。不久，她抱怨班上的人太护着她了，她说她要受到和别人一样的对待。又过了几个星期，玛丽去参加了另一个班，毫不犹豫、畏惧或不安。她对新的一群人发表了一篇很好的演讲。在毕业演讲中，她强调她已经获得足够的勇气，她要辞去现在的工作，找一份待遇较好、更令她喜爱的工作。同学们都为她写很好的推荐信，寄给可能会雇用她的老板。

培养勇气就是全部卡耐基课程的根本，它激励着每个课程的学员。

卡耐基去世的前几年，在米尔瓦商业协会发表演说。他在总结中指出："我宁愿把自己的勇气传给我的子女，而不是留下百万元的财产。"

在一次广播节目中，主持人问他："除掉鼓励人发表演讲外，还有什么其他方法可以培养一个人的勇气?"

卡耐基回答说："有一件事情是可以作出肯定回答的，勇气无论如何不可能用钱买到。你必须明白，你即使有洛克菲勒加上亨利·福特的财富，你也不能用钱在健身房中购买强化的手臂。勇气的培养基于勇气的运用。"

"从明天起，你就尝试做一些令你害怕的事，"爱默生说过。"只有这样，畏惧就可以除掉，你坐在那儿发呆，你就永远不会培养出勇气。"

卡耐基深深地相信，要学员站到全班同学前面去讲话，是可以克服畏惧的。他说：

"不管这个人站起来说话犯了什么错误，就算他或她怕得只说出半句话，这个人都应该得到祝贺，因为他做了一千个人之中才有一个人有勇气做的事——改进全世界最重要的一个人——这个人就是自己。"

培养勇气的第一步，就看一个人对所畏惧的事物的态度。卡耐基曾和许多有名人物讨论过他们是如何克服困难，以达到他们目标，如罗斯福总统夫妇、马可尼、海伦·凯勒等。

如果态度是建立自信的基石，那么决心就是把态度坚定地纳入生活的技巧。

卡耐基在他的书中、演说中、私人咨询中以及在培训班上都把这种说法提了出来。

"如要改进你自己，你就得养成好的习惯。我们的生活、我们的性格不过是我们习惯的累积，我们的习惯就是我们自己。"卡耐基常常说到美国心理学家和威廉·詹姆斯的八个原则，以帮助人培养新理想的习惯。

1. 以你所能有的全部热忱开始。

2. 抓住每一个机会实行你的决定。

3. 不要允许自己有一次失败。

4. 不要为自己准备后路。

5. 遇到挫折能面对新的希望。

6. 要让生活有激情和快乐。

7. 控制忧虑以增进自信。

8. 不要吝啬你的微笑。

勇气就是敢作敢为，就是将自信表现在行动中的一种胆识。第一个顽皮的猴子，敢于直立起来，走出大森林，才有人类的今天。很多人从事探险、高崖跳水、无动力漂流等活动，正是为激励人们开掘出潜在的勇气。

勇气是自然的本能。我们每个人，男男女女、老老少少都有一种潜在的英雄本色。当你备受凌辱时，也会想到反抗。哪里有压迫，哪里就有反抗，这正意味着勇气是人类的本能。只不过，很多人都带着怀疑态度度过一生。实际上只要勇敢地去做、去拼，你的勇气将会激发巨大的潜能，它是能够创造奇迹的。

这个世界上每天都有许多天才默默无闻离开人世。许多人都才华横溢，但最终无所作为，关键就在于他们没有勇敢地迈出第一步。很多人抱怨怀才不遇；你的才在哪里，有没有施展出来让别人接受，坐在家里自怨自艾，正是无能的表现。

拿破仑，身材矮小，但他指挥军队横扫欧洲，谁不说他是勇者。贝多芬，身患多种疾病，又聋又哑，可他谱出的英雄交响曲震撼人心，这不正是他心灵的呼喊吗？

真正的勇气是一种精神上的勇气；是勇于面临挑战，勇敢行动，不被任何东西打垮的一种气概。

做个真正的男子汉！

很多人在应聘时，怕得"要死"，你会不会死呢？不会，最多就是聘不上，那么找第二家好了，又有什么了不起。恐惧会腐蚀你心灵的钙质，让你显得无能、没水平，抹杀你做人的尊严。

一个人失去金钱，损失甚少；一个人丧失健康，损失甚多；一个人失去勇气，则失去一切。

平平庸庸地活着，也是活着；顽强进取地活着，仍是活着。但平庸活着的人会死去，而顽强奋斗的人将永生。

勇敢地去行动，是你开启成功之门的第二把金钥匙。那怎样才能获得勇气呢？

你拥有世界上最大的财富，也买不到强壮的体魄。要使你的两臂粗壮，唯一的方法就是去锻炼。同样，你要获得勇气，唯一的方法，就是多多运用勇气。你最怕做什么？那么现在就去做。不断地挑战自己，勇敢地去行动，这就是成功之道。

另外还要善于培养胜利心态。

在体育比赛中，运动员常常喜欢握紧拳头大喊一声，在气势上压倒对手，为自己树立必胜的信心。而这种必胜的信心，又常使他充分发挥水平，表现杰出，为他的取胜奠定基础。

从心理学上说，人的神经系统不能分辨真正的失败和想象的失败。当你想象失败时，你的神经系统会以为你真的失败；当你感到必胜的心态时，你的内部机制就已经在成功的方向上定向了。

我们应记住：

"我们的生活是什么样子，是由我们的想法来决定的。"

"做了自我的敌人之后，我们又转为自我的朋友。改变想法就能改变生活。一个人心里想什么，他就会变成什么。"

三、让热忱充满内心

人生最大的痛苦莫过于孤寂、无聊。人要追求幸福，就必须充实生活，而爱是充实生活、摆脱孤寂的最好方法。被爱固然幸福，但全身心地去爱却更加幸福。人都渴望被爱，但应该更加渴望的，却是去爱一个人、爱一种生活、爱一项事业。

热忱，在古希腊语中的含义是内心之神。如果说成功要借助于神灵之力的话，那么这种神灵就是热忱。俗语说："世上无难事，只怕有心人"。我认为对这种"有心人"最正确的理解应该是满怀热忱的人，也就是对事物有持之以恒的情感和体能的投入。

热忱就意味着要有对生活的挚爱，事业的狂热。

个人、团体及社会能培养出热忱，其报偿必然是积极的行动、成功和快乐幸福。

许多年前，一位聪明的老国王召集了聪明的大臣，给他们一个任务："我要你们编一本《古今智慧录》，将世界上最聪明的思想留给子孙。"这些聪明的大臣离开国王以后，工作了很长一段时间，最后完成了一本洋洋12卷的巨作。国王看了说："各位先生，我相信这是古今智慧的结晶，然而，它太厚了，我怕人们读不完。把它浓缩一下吧！"这些聪明的大臣又进行了长期的努力工作，几经删减后，变成了一卷书。然而，国王还是认为太长了，又命令他们再浓缩。结果这些聪明人把一本书浓缩为一章，然后缩为一页，再变为一段，最后则变为一句。聪明的国王看到这句话时，显得很得意。"各位先生，"他说，"这真是古今智慧的结晶，我们全国各地的人一旦知道这个真理，我们大部分的问题就可以解决了。"这句凝聚世界上最聪明思想的话是："天下没有白吃的午餐。"

你想让人知道贫穷的滋味，最好的办法是先给他100块钱，当他大手大脚将钱用完后，此时无钱的痛苦就会追随他，他才能真正体会到贫穷的滋味。如果他从来就没有钱，感受不到贫穷与富裕的差别，那么，他永远也不能真正理解贫穷。

同样，你想让人丧失能力，成为白痴。那么，就让他不劳而获、养尊处优吧！白吃午餐是要付出代价的。

有这样一个故事：有一次，几头猪跑了。经过几年以后，这些猪变得越来越凶悍，甚至威胁经过那里的人。几位经验丰富的猎人很想捕获它们，但这些猪却狡猾得很，从不上当。

一天，一个老人牵着一匹拖着两轮车的毛驴，走进野猪出没的村庄。车上装的是木料和谷粒。老人告诉当地的居民说他要帮助他们捉野猪。居民们都嘲笑他，因为没有人相信老人能做那些猎人做不到的事情。但是，两个月以后，老人又回到村庄，告诉居民，野猪已经被他关在山顶的围栏里。

居民奇怪地询问他是怎样捕捉它们的，他说："我做的第一件事，就是去找野猪经常出来吃东西的地方。然后我就在空地中间放少许谷粒作为诱饵。那些猪起初吓了一跳，最后，还是好奇地跑过来，由老野猪带头吃，其他野猪也跟着吃，这时我知道我能捕到它们了。第二天我又多加一点谷粒，并在几尺远的地方竖起一块木板。那块木板像幽灵一样，暂时吓退了它们，但是白吃的午餐很有吸引力，所以不久之后，它们又回来吃了。当时野猪并不知道，它们已经是我的了。此后我要做的只是每天多竖几块木板在谷粒周围，直到我的陷阱完成为止。每次我加进一些东西，它们就会远离一阵子，但最后都会再来"白吃午餐"。围栏做好了，陷阱的门也做好了，而不劳而获的习惯使它们毫无顾忌地走向围栏。这时我就出其不意地捉住了它们。"

这就是"白吃午餐"的代价。

成功是一种辉煌，但辉煌绝不应是投机取巧、幸运所至。真正的辉煌是真本事、实干精神所迸发的绚烂光芒，这才能永耀人生。做人就要永远像一个天才，浑身散发才气。让世俗的社会去羡慕那些幸运者，我们追求真才实学，一种真正的出类拔萃。

热忱必须发自你的内心，才能使它成为你成功的可信朋友。热忱的持久有依于目标的订立，努力工作去达成这个目标，而在这目标达成之后，再订出另一个目标，再努力去完成。动力的不断出现，必使你倍感兴奋和挑战的快乐，如此你就有维持热忱不坠的成果。

热忱可以为正处于浑噩状态的人奋起做事。

对生活热诚的人，具有无限的力量。

发挥你的热忱，是一切希望成功的人必须具备的条件。

第三章
校园社交艺术

现代人际交往规则

一、人际交往的风格

（一）互益性

指交往的双方，在交往中都可在精神或物质上有所收益，满足心理需要。在市场经济的影响和制约下，人们交往的动机很少能达到"大公无私"的境地。注重实际，讲究互惠互利仍为现代交往的重要特点。人们之间大部分联系，取决于对方能否给自己提供帮助，并给对方以合理的、力所能及的回报。一旦一方感到对方无论是在精神上还是物质上都不能使自己有所收益时，交往关系就会淡化直至终止。

人与人之间的关系意味着相互之间有所要求，也有所期待。关系愈密切，要求对方满足自己的愿望就愈高、愈全面，相互间就愈加信任和依赖。但是，当一方感到对方的过高期待对自己是一种负担、一种累赘时，双方交往关系就可能疏远或分离。

（二）多样性

政治、经济、文化诸方面的进步和发展，极大地拓宽了人们的交际领域，使现代社会交往无论从形式到内容都发生了深刻变化。现在领导职务终身制的打破，多种经济形式活动面的扩大，使过去那种单一的、静态的交往形式已经不能适应人们的要求，出现了具有竞争、流动、分化性质的动态多样的交往形式。同时，交往内容也呈现多样化，其中经济信息、技术信息、文化信息、人才信息、市场信息等成为交往的重要内容。交往的对象、范围也在扩大，个体与个体竞争、个体与集体的合作，城市与农村的联营，打破了国家、地区、城乡、部门之间的局限，呈现出多侧面、多方位的交往特点。

（三）短暂性

指人际交往的对象变化频率高，人际交往流动性大。特别是都市化的复杂生活，使人际交往呈现出短暂性，与少数人建立密切的关系，对多数人只能建立一般联系。短暂的交往使人际关系有更大的自由度，相互间的责任、期待和由此带来的负重感都相应减轻。

（四）坦诚性

交际活动能否顺利进行，关键在于双方能否诚恳地发表各自的意见。现代人的思想由于没有陈旧的框框，因而能积极思考，畅所欲言。同时现代人乐于接受新事物，吸收新经验，所以在人际交往中，对来自各方面的意见、甚至反对意见，都能尊重、理解、考虑，而后决定取舍。

（五）效能性

现代人珍惜时间，注重办事效率。他们在与人交往中，总是从一定的目的出发去参加特定的交际活动，十分注意交际功效，讲话开门见山，切入主题，很少进行漫无边际的马拉松式谈话。

综上所述，注重实惠、博采信息、态度坦诚、目的明确，是现代社会需要在人际交往中的反映，具有鲜明的时代气息，是现代人交往的突出特点。

二、人际交往的类型

根据心理学家对人际交往需要和满足需要的行为倾向的研究，人际交往可分为六种类型：

（一）主动包容型

喜欢主动与他人交往，乐意建立并维持和谐的人际关系。他们的行为特征是待人谦和、宽厚、忍让，心地坦荡、积极主动、热情大方地交往、沟通、参与、出席等。

（二）被动包容型

虽然喜欢与他人交往，乐意维持与他人和谐关系，但在行动上表现为只是被动期待别人接纳自己、帮助自己，缺乏主动热情的精神。

（三）主动控制型

总想控制他人，将自己摆在交际活动中心或左右局势的位置，力图在权威和权力基础上与他人建立并维持良好的关系。在行为特征上，表现为主动大胆，爱发号施令，喜欢使用权力威胁、影响、控制、支配他人等。

（四）被动控制型

常常根据情境的要求使内在标准向外在标准妥协，易追随他人，受人支配，愿意与他人携手合作，共同分享自己的感情。

（五）主动感情型

希望在友情和爱情的基础上与他人建立并维持良好的关系。在行为上感情奔放，主动大胆与人表示亲密、友善、同情和照顾等，并积极向别人表达自己的感情。

（六）被动感情型

虽然希望以友情、爱情为纽带建立和维持与他人的良好关系，但只是期待他人对自己表示亲密，在行为上不能主动大胆地表达自己的感情。

主动包容型和主动感情型的人，一般是外向、宽厚、热情的人，不但喜欢与别人相处，同时亦关心别人，爱护别人，因此，在人际关系中，能左右逢源，受人爱戴。

根据人们待人接物的反应方式，可把人分为四种类型。

（一）自我暴露型

这种人性格外露，不善伪装，一举手，一投足，都能准确地反映其内心世界。他们对相容者满面春风，亲密无间；对相斥者，横眉冷对，十分冷淡。他们愿意向他人表达自己的感情，提供自己的情况，也乐于打听他人的消息，接受别人提供的情况。但是，对他人进行信息反馈的程度低，感受性不强。

（二）自我克制型

这种人很善于克制自己，喜怒哀伤无形于色。他们很少向他人敞开心扉暴露思想，对他人的信息也不感兴趣，很少对他人提供的信息进行反馈。但是这种人的人际反应外表似乎平淡，实则内涵深沉。

（三）自我防守型

这种人敏感多疑，戒备心强，很善于保护自己。他们与人交往总是胸有城府，很少向外界提供自己的情况，但是对别人提供的信息反馈迅速。

（四）自我伪装型

这种人表里不一、趋炎附势、口是心非，待人处事以利益和环境为转移。他们对有用者，竭力奉迎，设法亲近；对无用者不屑一顾，关系淡漠，很少真诚地向他人提供自己的情况，或对他人的信息作出中肯的反馈。这种人的人际反应不稳定，对团体的人际关系有一定的破坏性。

三、人际交往的原则

（一）互容原则

就是要以宽宏豁达的态度进行人际交往，要以将心比心的态度理解、体谅别人，要大事清楚，小事糊涂，对人宽，对己严。

1. 要善容他人的个性不足。

每个人由于先天遗传素质不同和后天受到的影响不同，因而人的个性千差万别。每个人的性格都有长处和缺陷，不能苛求他人十全十美。

2. 要善于容纳不同的意见。

人的眼界、耳界和认识能力有限，自己的认识不一定正确。

3. 善容他人的伤害和过错。

再善良的人包括我们自己，也有失足失嘴而伤害他人的时候。因此善于容忍、谅解他人是一种美德。

（二）自我袒露原则

心理学家的研究发现：一个人把自我向别人敞开，就会获得对方的好感。比如，自己有什么困难或犯过什么错误，如主动地告诉交往对象，就会使对方产生被信任、尊重之感，对方定会愿意帮助你摆脱困境。

（三）礼貌原则

1．策略次则。

尽量少表示有损于他人的意见或态度；尽量多表示使他人受益的意见或态度。

2．慷慨次则。

尽量减少对自己的益处；尽量扩大自己付出的代价。

3．赞扬次则。

尽量少贬损他人；尽量多称赞他人。

4．一致次则。

尽量减少与他人的不一致；尽量增加一致性。

5．同情次则。

尽量减少对他人的厌恶；尽量扩大对他人的同情。

四、大学生人际关系的特点

大学生人际关系的特点是由大学生所处环境的特点决定的。大学生活较之中学生活来说，有着重要的差别，这些差别并不只是表现在物质条件上，而主要是体现在校园氛围、学习方式及管理方式等精神文化条件上。换句话说，我们所谈的环境，不是指大学的建筑、校园绿化、仪器设备等，而是指大学的校风校纪、学习要求、人格培养等。

首先，大学中各种管理的总的环境气氛是"外"松"内"紧。这里的"外"是指管理的形式，"内"是指管理的要求。由于大学教育的特殊性，它要求每位学生完成思想、心理、能力、才智等多方面的综合训练，通过管理，逐步培养起每位同学具有自我约束、自我管理、自我激励的能力。

其次，在大学里，学习方式将从课堂学习为主转为自学为主，更重要的是大学学习的内在要求比中学要高得多，这种内在要求充分体现在深度与广度两个方面。

第三，大学的生活方式基本上以集体生活为特征，而集体生活具有一定的公共活动秩序与要求。同时，在业余生活中个体的单调性与群体的生动性共存，使许多学生感到难以接受。

第四，大学的校园文化生活是丰富多彩的，似乎大学生的课余活动异常丰富，学生可以凭自己的兴趣与能力任意参加各种学术、文艺、体育、社交等活动。然而，踏进大学校园不久，不少学生就会发现，大学生的课余生活就整体而言是丰富多彩的，但就大多数个体来说，课余生活却是紧张单纯的。

由于大学生的人际关系的状况与大学生的心理发展有着密切的联系，而大学生的学习、生活、社会活动等对其心理发展起着重要作用，所以大学的环境特点决定了大学生的人际关系。

一般来说，人际关系可以建立在三种基础之上：一是人际关系产生于单纯的情感好恶的基础之上；二是人际关系产生于态度、价值观一致的基础之上，很显然，这已将人际交往超越出情感领域，具有理智的成分；三是人际关系产生于奋斗目标一致和行动和谐的基础之上。不难理解，第三种人际关系的层次最高，它是理性的表现。大学生的人际关系不仅要求人际交往的层次不断提高，而且要在最初发展情感基础上的人际交往的前提下，注意发展同学之间在态度、价值观与奋斗目标一致基础上的人际交往，同时还应进行文化性与精神性交往。因此，大学生的人际交往更多地进行着思想交流、价值观碰撞以及探讨人生奋斗道路、国家经济、政治大事等。这种人际关系对于提高大学生思想的深刻性、坚定性与敏锐性是极为重要的。

五、人际失和的原因与避免

（一）人际失和的原因

分析起来，人际失和的原因不外乎如下几种：

1. 思想之争。

这里的"思想"是一种泛指，可以是主义，也可以是方法或技术。思想总是呈现出复杂的结构，那种把思想简单化、教条化、庸俗化的思想方式并不可取。思想是通过不断求索而获得的，而且它处于不断地发展之中。青年大学生思维活跃，思路敏捷，对于新环境、新事物总会形成一种自己的看法，当这种看法与别人不一致时，就会成为诱导"人际失和"的因素。

2. 名利之争。

相对于社会来说，大学校园里基本上不存在"名利""地位"的争斗。应该说，此"名利"非彼"名利"。但是也应该看到，大学生争强好胜、自尊自信、自强自立的心理有时候会使他们在争取"学生干部""三好学生""优秀团员"的名额，或者争取参加表演、比赛等名额时产生一些所谓的"名利之争"。

3. 相互误解。

生活中的误会和误解是在所难免的。由于相互误解引起的人际失和的例子也是举不胜举。有时候，可能因为少说了一句话，或者多说了一句话，甚至一句话说得不透彻，就会使两个本来关系很不错的好朋友转眼间形同陌路。分析误解的原因，多数是因为双方缺乏沟通所致。

（二）人际失和的避免

大学阶段是为大学生走向社会打基础的阶段。大学生走向社会以后，将要面临更加复杂的人际关系。因此，大学生应充分利用在校这段时间，努力掌握协调人际关系的技巧和能力，避免人际失和，为将来顺利走向社会、走向成功打下坚实的心理基础。

大学生避免人际失和应做到如下几点：

1．严于律己。

应该说，发生人际失和的双方都有一定的责任，所谓"孤掌难鸣"。但是，有的大学生事后往往过多地从对方身上找问题，找毛病，而不是主动地从自己身上发现问题，查找原因，这样就不好，不利于人际关系的恢复和改善。正确的处理方法是，彼此都应该多从自己身上找问题，而不是目光只盯着别人。对自己要严格要求，尽可能避免说不利于团结的话，做不利于团结的事。一旦别人触犯了自己的利益，要从全局的方面、从团结的方面去处理，而不是斤斤计较，睚眦必报。

2．宽以待人。

俗话说"宰相肚里能撑船"。大学生在处理人际关系方面，要充分地表现出自己的涵养。涵养是一种文明的体现，反映着一个人的胸怀与见识。表现为对人宽容大度，设身处地地为他人着想，不为泄自己一时之气愤而意气用事，忘乎所以；遇事三思而后行，不冒冒失失地草率行事。当彼此之间有了矛盾的时候，要多站在别人的立场上考虑问题，对待别人的失误，要宽容，要忍让，给别人以机会。

3．增进联系。

大学生自强自立的意识很强，除了最要好的伙伴之外，彼此之间交流很少。这种交流是指深层次的交流，思想深处的交流。部分性格内向的同学更是封锁在自我的小圈子里，除了上课、睡觉与大家在一起之外，很少与同学交流。这样的同学往往朋友很少，人际关系状况不好。一旦与同学发生误会，也不容易得到理解。因此，大学生之间应加强彼此之间的联系，增进彼此的感情。这样才利于人际关系的改善。

六、人际行为的八大模式

人际行为，是指具有一定关系的个体在交往中所表现出来的相互作用。人们在交往中的相互作用，一般遵循交换的规律，奉行互惠的原则，也就是说，一方的行为总是会引起对方相应的行为反应。人们的相互吸引和关系正是依赖于相互的受益和需要的满足而形成和发展的。那么这种人际行为有无模式呢？社会心理学家利瑞通过研究几千件人际关系的报告，概括出8种人际行为的模式。

1. 由管理、指导、教育等行为，会导致对方的尊敬和顺从等反应。
2. 由帮助、支持、同情等行为，会导致对方的信任和接纳等反应。
3. 由合作、赞同、友谊的行为，会导致对方的协助和友好等反应。
4. 由怯懦、礼貌、服从等行为，会导致对方骄傲和控制等反应。
5. 由反抗、怀疑、厌倦等行为，会导致对方惩罚或拒绝等反应。
6. 由尊敬、赞扬、求助等行为，会导致对方劝导、帮助等反应。
7. 由攻击、惩罚、责骂等行为，会导致对方仇恨、反抗等反应。
8. 由夸张、拒绝、自炫等行为，会导致对方不信任或自卑等反应。

综上所述，人的相互作用是交换和对应的。只有你真心喜欢、尊敬、信任他人，才能获得他人的喜欢、尊敬和信任；只有不指责他人的人，才不会受到他人指责；只有热心帮助他人的人，才能在困难的时候得到他人帮助。你要别人怎样对待你，你就应先怎样去对待别人。

七、交往忌戒

《公关杂志》中有一篇文章归纳了人际交往的忌戒如下：

（一）戒探问或传播别人的隐私

在社交中的交谈要有分寸，要看场合，不必查问对方的私生活状况，诸如个人的家庭、婚姻、储蓄等情况，以免招致他人的厌恶。人在某方面总有点隐私，知情者更不应传播。

（二）戒背后议论他人，讲第三者坏话

如果你讲另一个人的坏话，那么对方就会怀疑你也会向别人讲他（她）的坏话，会对你产生戒心，认为你是个拨弄是非的人。

（三）戒失信

与人交往，要遵守诺言，如果满口答应给人办事结果不办，便会失去别人的信赖,影响友谊。

(四)戒固执己见

由于人的情趣、修养、性格各有不同,凡属生活小节问题不妨迁就谋合;如果自己一时见解有误,应谦逊倾听别人意见。若固执己见,就会孤立自己。

(五)戒待人态度冷漠

待人态度要温和热情、诚恳、有人情味,如果自恃清高,态度冷漠,就会使人难堪,望而生厌。

(六)戒卑躬屈膝,矫揉造作

有些交际圆滑的人,有求于对方,或觉得对方有权势地位,便要出阿谀奉承手段,使人产生不良印象。

(七)戒我行我素,不随主人风俗

到他处作客,应注意当地风俗和礼节习惯,不能我行我素,以免使人误解。

(八)戒衣冠不整,仪表难看

社交活动要保持仪表整洁,如果不修边幅、衣装不整、帽子歪戴就会给人一个很不好的印象。

(九)戒玩弄感情

若与异性交朋友,要实事求是,若弄虚作假佯表爱慕,戏弄对方,肯定没有好结果。

(十)戒轻浮失礼

凡言词庸俗、东张西望、窥视异性、出言不恭等,都有失社交礼貌,使人厌恶。

八、度过人际关系的磨合期

大学生刚由中学走来,从祖国的四面八方,从不同的地区,从农村、山区、城镇,为着一个共同的目标,走到了一起,每个人都有自己不同的经历。新生活开始的同时，新的人际关系的篇章也拉开了序幕。如何在入学之初就建立起良好的人际关系，这是所有大学新生都很关注的一个话题。

（一）影响人际交往的因素

人际关系最重要的特点是它具有情感因素。也就是说，人际关系是在人们相互间通过交往而产生的一定的情感基础上形成的。由于人们的情感具有多种表现状态，所以人际关系也以多种类型来体现。人际关系的多种类型都清楚地反映出人们彼此间的满意和不满意、吸引和排斥的程度，即彼此是否满足对方需要的程度。如果得到满足，就互为吸引，心距也就近；否则，就互相排斥，心距也就远。因此，人与人之间在心理上的距离是不等同的，具有不同的层次。越近，吸引力就越强，反之，则越缺乏吸引力。那么，怎样才能使自己喜欢别人，同时又能让别人喜欢自己呢？这个问题要受到以下几个主客观因素的制约。

1. 外貌。

引发"第一印象"的窗口，尤其和陌生人初次打交道时更是如此。亚里士多德说："美丽比一封介绍信更具有推荐力。"尽管大多数人同意"人不可貌相，海水不可斗量"的观点，但是人们又都不得不承认外貌的微妙作用。所谓"爱美之心，人皆有之"。姣好的外貌、矫健的身材能够使人感到轻松愉快，构成一种精神欣赏。内心产生一种"容易接近、容易交往"的第一印象。当然，随着交往时间的延长，仪表的作用就会降低，吸引力将会从外在的仪表逐渐转移到人们内在的道德品质上。

2. 距离。

空间距离是影响人际吸引的因素之一。距离越近，越易建立人际关系，即所谓"远亲不如近邻"。再好的远亲，如果离得远了，长期缺乏沟通，关系就容易逐渐淡漠起来。而同乡、同学、同事等，如同近邻一般，接触的机会多了，也就容易产生交流，产生友谊。人都有与邻近者友好相处的愿望，这是因为这样可以最小的代价换取最大的报酬，并且能够预测对方的行动，产生一种安全感。

一般情况下，大学里"同乡"之间的交流是大学生人际关系的开端。事实上，大学生的人际关系最早往往就是从与"老乡"交往开始的。

3. 能力。

为了满足物质与精神生活的需要，人们总是愿意与聪明能干的人交往，而不愿意与愚蠢无能的人来往。这是因为聪明能干的人在某些问题上可以给人以帮助，可以较少地带来不必要的麻烦。另一方面，聪明的人其言谈举止往往令人赏心悦目，所以聪明能干的人往往朋友很多。由此可见，能力高低是决定人际吸引与否的重要因素之一。

值得注意的是，能力高低只能决定人际吸引，而并不直接决定人际关系的好坏。一般来说，大学生的能力都比较高，相互之间都能够有自己的特长。但是能力高并不意味着人际关系就一定好。大学里较为普遍的一种状况是：某些能力较为出众的同学，甚至一些学生干部，虽然各方面都很不错，但就是搞不好人际关系，与同学之间的关系很僵。这一点应该引起大学生的广泛关注。

4. 个性。

是指人在各种心理过程中经常地、稳定地表现出来的心理特点，它包括气质、性格、兴趣和能力等方面。人的个性是在遗传素质的基础上，在周围环境和社会关系的制约之下形成的。人是自然与社会的统一体，个性也是人的生物性和社会性统一的体现。辩证唯物主义的观点认为：个性是一种非常复杂的、多层次、多水平、多侧面和多动力的有机整体，是各种心理特征和心理过程的高度统一。个性代表着一个人的全部精神面貌。

人们一般都喜欢真诚坦率、热情大方、乐于助人的人，而对虚伪自私、骄傲妒忌、猜疑苛求的人很反感，不愿与之发展关系。因此，良好的个性是吸引力的一种重要条件。

5. 类似。

在个人特性方面，双方若能意识到彼此的相似性，则容易产生吸引力。越相似则吸引力越大，相似的方面越多，越容易建立良好的人际关系。最好的朋友大多是和自己同等地位的人。这是因为年龄、性别、经历、嗜好、目标、籍贯、职业、地位等相似的人，彼此之间易于相互支持，取得谅解，产生友谊。

大学生活中，这些因素都会从不同侧面影响着人际交往的正常进行。

（二）摆正个人位置，实现角色转变

每个人在交际中应该有自己的位置，这是由交际规律决定的，也是社会规范的要求。不能正确摆正自己的交际位置，在交际圈中必然显得唐突、冒失。交际关系复杂多变，交际者往往难以一眼窥清，不易正确把握。自己在交际圈中到底处于何种位置，如何调适好自己的位置，更不是轻而易举的事。所以面对新环境、新朋友，第一步你要好好认识自己、评估自己，确定好以什么面孔、什么姿态、怎样的基调进入新的交际角色。

交换了生活空间，人的社会角色会随之改变。若心理调整不过来，行为不能重新校正，你就无法适应新环境，左右碰壁，别人也会对你产生诸多误解和非议，你就难免成为一个与新环境格格不入的人。人是能动的，环境是不以人的意志为转移的，人应主动适应新环境，没有理由要求新环境去迁就你个人。所以进行角色转换应是一种自动行为，尤其应在"有效"二字上下些功夫，实现角色适时适当地成功转换，将自己完完整整、及时可靠地变成新环境中的新成员。

磨合期是一个双方逐步熟悉，互相适应，彼此认同、悦纳的过程。人与人的差异情形万千，总存在着这样那样的矛盾和冲突。作为一个新面孔，在进入陌生的交际领域时，一开始就无所顾忌，目空一切，张牙舞爪，是无法与他人磨合的。这似乎是外向性格的大学生常犯的毛病，也是应该注意克服的问题。采取沉稳简约的交际姿态才是最得宜的方法，这是一个以静观动的方法，有助于实现与新环境的磨合。在自我保留节制中，会对新的交际环境做出全面细致深入的观察，从而有针对性、有实效地实现与新环境的契合与交融。表面上看来这是一种消极的方式，实际上是一种策略，是一种更积极有效的技巧。

（三）保持适当距离

人际关系密切程度通常是表现在人际距离上的。双方关系亲密，相互间距离较近；双方关系疏淡，相互间距离较远。与新同事新朋友初处，彼此不熟识、不了解，关系刚刚形成，距离自然是较大的。但若生硬地去与人亲近，则有违交际规律，对方不仅不会做出友好表示，还会产生反感情绪。这种适得其反的效果，往往会使人置于被动地位。保持适当的距离，能给对方冷静地观察你、认识你的机会。通过不断地接触，双方会在逐步熟悉和了解中，实现思想的沟通，情感的交融。双方的关系会逐渐亲密起来，彼此间的距离就会悄然隐去。保持距离重在适当，掌握在对方认可接受的范围内，并能有效地促使双方互相吸引。

（四）培养交际魅力

交际的最高境界是人与人之间互相吸引，难舍难分。寻求磨合途径当然要在这方面想办法。一个人在交际中形成对别人的吸引力表现为他的交际魅力。交际魅力是一个内容丰富的综合体，包括人的形象、知识、品德、能力、语言、幽默等多层次多方面的内容。可以说，凡是影响人际交往的因素都包含于交际魅力之中。

一个充满交际魅力的人，别人会主动亲近他、接受他、适应他，人与人之间的差异、矛盾会得到有效消除，人际关系磨合会呈水到渠成之势。所以面对新环境、新朋友，根本的还是培育出自己独特的交际魅力，给自己创造一个有利的交际环境，从而给自己带来一个理想的交际地位。

大学生的社交魅力

一、留下美好的第一印象

心理学家认为，人际交往的初次印象，往往是非常强烈、鲜明的，并且成为正式交往的重要背景。初次印象包括谈吐、相貌、服饰、举止、神态，对于感知者来说都是新的信息，它对感官的刺激也比较强烈，有一种新鲜感。你给人的第一印象如果是呆板、虚伪、不热情，对方就可能不愿意继续了解你，尽管你尚有许多优点，也不会被人接受。而如果给人留下的印象是风趣、直率、热情，尽管你身上尚有一些缺点，对方也会用自己最初捕捉的印象帮你掩饰短处。因此，第一印象的实际价值是很重要的。那么如何在求职、交友、恋爱等人际场合给人留下良好印象呢？

（一）注意仪表

在公共场合，人总是趋近衣着整洁、仪表大方的人。人在无意中总把对方的服饰衣着、仪表风貌同一个人的地位、身份、修养连在一起。故在不同场合注意仪表得体，尤其在初交场合更应打扮得有个性魅力。否则，给人粗俗、卑贱的印象。

（二）注意谈吐

一个人有没有才气最易从讲话中表现出来。准确的语义、丰富有趣的内容可以先声夺人，使人油然而生敬意。吐字模糊、夸夸其谈、内容平庸使人产生厌倦心理。风趣、幽默的言谈给人以听觉的享受和心灵的美感。另外，在社交谈吐时，还要注意环境、气氛和场合，决不要喧宾夺主，随便打断别人讲话。

（三）注意行为举止

行为动作是一个人内在气质、修养的表现。男子的举止要讲究潇洒、刚强；女子的举止要注意优美、含蓄。而且一个人的举止也表现临场的情绪状态和对人的态度。初次相识，斜坐在椅子上表示不恭和放肆；远离他人讲话表示与人有心理距离。与陌生人交谈，特别是同名人、领导交谈，要自然、自信，既彬彬有礼，又不要过分拘谨、羞怯。

在一般情况下，大方、随和、乐观、热情的人总受人欢迎；炫耀、粗鲁、过于拘束的人则让人讨厌。因此，初次印象是长期交往的基础，是取信于人的临场手续，应给人留下美好的第一印象。

二、热情的魅力

热情，是人类积极性品质的核心。在美国心理学家所做的统计分析中，有555个令人喜欢的人的品质，其中热情处在最值得喜欢的品质位置。人们常常嘲笑毫无热情的人为"冷血人"或"冰人"。由此可见，热情作为人类积极品质的核心的重要性。

那么如何展现热情的魅力呢？

（一）热情要适度

过分的热情，犹如秤失去准星，身躯变得无足轻重。俄国寓言作家克雷洛夫写了一篇叫《杰米扬的汤》的寓言。在这篇寓言中，他描绘了善做鲜鱼汤的杰米扬，为了款待老朋友福卡，做了一锅美味可口的鱼汤，一盆接一盆地劝老朋友多喝汤。结果，尽管福卡很爱喝汤，也不得不赶紧逃也似的跑回家去，从此再不敢登杰米扬的家门了。这正是热情的反例。

（二）热情但不失态

社会生活中，人们会遇到这样或那样的问题，互相帮助在所难免。在这个互助过程中，由于环境、场合、年龄以及熟悉程度的不同，热情应该有所区别。但不论热情程度如何都要以真诚为基础，不给对方轻易的、空头的、超越自己能力的热情许愿，对于那些明显不适合道德的、法律的、有悖情理的要求应给以真诚的、使人心服口服而又不失热情的说明。当然，自己也不应提出超出对方能力的需求，使热情这种可贵品质真正成为友谊的黏合剂。

（三）热情背后助人心

热情应是自我心灵的纯洁表现，不应掺杂任何利己的杂念，否则会让人觉得你的热情媚情渔利，被视为一种交易，这就会减弱热情的魅力。

（四）热情魅力应是一种持续感受

诗歌《热情》写道："热情不要因挫折冷冻结冰，成为令人惋惜的过时风景；热情不要因顺利而发酵蒸腾，成为使人癫狂的过量的酒精。"它给我们的告诫是：我们应保持持续不断的热情，"不以物喜，不以己悲"而改变待人一贯热情的做法。否则，即使很有限次的对人冷淡也会改变别人对你热情的评价，甚至会影响别人在其他方面对你的积极评价。这就是人称的扫帚星现象。

（五）掌握热情展示的技巧

1. 自我介绍时，名字不仅最初要说，最后还要重复一次。

2. 早上比别人早到教室或工作岗位，可加强对你有干劲的印象。

3. 听上司或他人说话时，拿个记事簿边听边记，可表示出你很热心他的讲话。

4. 比别人抢先接电话，可表现你工作的热情，提高你的影响力。

5. 走入对方的最近距离要求握手，可令对方感觉到你的热忱和气魄。

6. 即使是上司已经知道的事情也要报告，可表示你的热情，加强与上司的亲密感。

7. 不论什么事，先询问一下对方的意见，可表示你对他的敬意。

8. 以共同的敌人为话题，可增加与对方之间的亲近感。

9. 记住别人所说的琐事，遇机会有意无意地提出来，既可表现你对他的关心之深，又可令人产生亲切感。

何为热情？它是人与人心灵的靠拢，人与物意趣的联通；热情，正常而普遍的人性燃烧起光辉璀璨的黎明；热情，崇高而宝贵的心胸回荡起宽容温暖的春风。让我们用热情的火焰，把自己烧得透明。

三、开朗的魅力

在社交中，开朗的人永远是受朋友欢迎的人。开朗的魅力是每个青年都向往的一种美。开朗虽然包含了天性的成分，但是，如果不注意社交中的行为方式，即使是外向型性格的人也不能展示开朗的魅力。社交中要想表现开朗的魅力，不妨从以下几方面做起：

（一）不要老想着自己，不要过多分析自己

社交中如果总想着自己，总在分析自己行为的效果，就会增加自我的心理负担，就不可能有轻松自然的行为，更不要说施展开朗的魅力了。

（二）不要刻意去模仿他人，行为要有个性

在交往中切忌为了追求开朗而刻意模仿。每个人有自己的特点，个性是人的生命的框架。有个性才有魅力，刻意的模仿不仅给人以机械的感觉，而且很可能使人在模仿中把自我遗失净尽。"邯郸学步"就是一例。

（三）意存达观

有这样一条格言："人生是一串由无数颗小烦恼组成的念珠，达观的人是笑着数完这一串念珠的。"在交际中经常遇到意想不到的困难和挫折，如果没有达观的心境，就容易精神萎靡，情绪低下，给人一种愁眉苦脸的印象。

（四）眼界宜远宜宽

在交际中，要心存未来，心存整体，要有一个长远的意识，要有一个群体的观念。现实只有一个暂时，希望往往是一个未来的时空，未来是一定意义上的永恒。因此，开朗的人往往着眼于未来，要么使欢乐久远，要么用未来冲淡眼前的沮丧与懊恼。个体往往是脆弱的，渺小的。开朗的人正是在交际中超越了自我，把群体作为行为的参照物，才能在挫折面前不沮丧，成功面前不骄狂。

（五）无私奉献

开朗的人往往不计较一时的得失，因为无私的人、乐于奉献的人很少失去，也不会因为失去或获得而悲或喜。所以，要想表现开朗的魅力，就必须具有无私奉献的精神。

（六）注意呈现技巧

主动向对方打招呼；重视"最后的道别"；寒暄话说得大声一点；穿着稍微华丽一些；以轻快的脚步赴约；以幽默的语气谈论自己的失败等，都会令人产生开朗的印象。

与不同类型人的相处原则

一、与老师建立良好关系

老师既是知识的传授者，又是育人的园丁。所以，学生与老师建立起一种良好的关系对于学生成长极为重要。做到这一点，应从以下几方面努力。

（一）尊重老师的劳动

老师为上好每一节课，必须付出巨大努力，经年累月，呕心沥血。学生认真听课，认真记笔记，认真完成作业是对老师莫大的尊重，反之则会给老师带来心理上的伤害。尊重老师的劳动就是尊敬老师的生动体现。

（二）做老师的得力助手

老师在从事教学的同时，还承担着大量的科研任务，需要学生做一些力所能及的事。学生应在余暇时间做老师教学、科研的助手，帮教师查资料、作记录，以减轻教师的劳动量。这样，既可加深师生情谊，又可学到许多闻所未闻的知识。

（三）大胆表现你的才华

如今的社会充满了竞争，你能否在其中取得成功，很大程度上取决于你能否将你的才华充分展现。过去那种以怀才不露为美德的时代已经过去。如果你是一匹千里马，何不主动寻找伯乐呢？有才识的老师同样喜欢才华横溢的学生。

（四）对老师提建议要委婉

在教学与工作中，老师出现一点失误在所难免。学生向老师提建议也理所当然。教学不仅仅是知识的交涉，也是悟感的交流，心与心的沟通。学生委婉地提出建议，以诚恳的态度感动老师只会加深师生情谊。

（五）当老师批评错了时也别在意

在师生相处过程中，往往出现老师因不了解情况而批评错学生的事情。作为学生，面对老师的批评，首先应冷静努力克制自己，不要与老师顶撞，防止矛盾在双方都不冷静的情况下进一步恶化。其次要体谅老师。因为"金无足赤，人无完人"。老师也不可能十全十美，也有不了解情况的时候和批评方法不当的时候。最后要及时消除误解。作为学生，事后应及时找老师直接面谈或让他人转告或用书面的方式向老师进行解释，一时解释不清时可暂时放下，待以后再寻找合适机会消除彼此误解。

（六）在生活上给老师以力所能及的帮助

俗话说："于细微之处见真情。"老师有繁重的教学和科研任务，生活上存在着不同程度的困难，学生可以通过经常性的、多方面的活动关心老师的生活，支持老师的事业，增进师生间的感情。

二、与同学友好相处

每一位学生都会有这样一种亲身体验：如果自己与同学之间交往是正常的，关系是和谐的，自己会感到有一种存在的安全感和心理上的满足感。相反，如果与同学的关系冷漠、紧张，内心深处会有一种莫名其妙的失落感和压抑感。由此可见，和谐融洽的生活环境，不论对大学生的身心健康还是学习心态，都有重要的影响，那么，怎么才能处理好与同学之间的关系呢？

（一）以诚相待

以诚实、真挚的态度对待他人，才能获得对方的信任与理解。

（二）与人为善

青年人，不可能那么成熟，也没有必要那么城府，生活中无处无时不出现矛盾，这是正常现象。只要我们抱着与人为善的态度，讲原则、讲友谊、讲谅解，以他人之乐为乐，为他人之喜而喜，就可以调节矛盾，友好相处。

（三）善于体察与"知微渐著"

世界上没有完全相同的两片树叶，我们的同学或开朗，或深沉；或曲隐，或坦率；或豁达，或缜密，千差万别。因此，在同学相处之间，要做个有心人，善于体察别人的心境，采取不同方式，使他们感到你的善意与温暖。

（四）宽宏豁达，不计小是小非

同学之间能否友好相处，在很大程度上取决于你我的相容程度。常言说得好，"将军额头跑得马，宰相肚里能撑船"。大学生都是有教养和修养的人，应该宽宏大度，不以物喜，不以己悲，不为丁点小事僵持不下，斤斤计较，甚至拳脚相加，做出降低人格的事情。同时，要有原则性和正义感，不能好坏不分，是非不辨，感情用事，稀里糊涂。这样才能真正和同学搞好团结。

三、和性情急躁的人相处

在生活中，我们经常会碰到像《三国演义》中张飞那样性情急躁的人。这种人在心理学上属胆汁质，特别是精力旺盛、坦率、刚直、情绪易于冲动，好挑衅，能以极大的热情埋头工作，并能克服困难。但当困难太大而需持续努力时，则缺乏耐心，容易意志消沉。在与这种人相处时，可以采取这样几种方式：

（一）尊重而有耐心

这类人一般做事、讲话自我意识都较强，不容对方干涉过多，尤其是讲话时，切忌不要打断，要表现得很尊重很有耐心，到对方讲完后再阐述自己的意见。另外，性情急躁的人重感情，讲义气，吃软不吃硬，与他们打交道要多用感化、协商的方式，只要你动之以情，就会获得他们真诚的回报。

（二）要以柔克刚

性情急躁的人情绪容易冲动。当遇到他们冒犯时，一定保持头脑冷静，泰然付之一笑，使对方欲进不得，避免事态发展。千万不能与其争吵，刺激其自我意识的进一步活跃，造成僵局。待其冷静以后，再以平静的口吻，摆事实、讲道理。这时他们对你的宽容态度由衷敬佩并报以诚挚的感激。因为性情急躁的人虽然易激动，但也能很快地认识错误，主动承认错误。柔能克刚就是这个道理。

（三）做事果敢、雷厉风行

性情急躁的人最反感办事拖拉、效率低下的人。与性情急躁的人相处有一种做事果敢、雷厉风行的作风，能够赢得对方的好感，得到对方尊重。

（四）诚实守信、光明磊落

性情急躁的人具有刚强正直的特点，与其交往时诚实守信的品德，光明磊落的胸怀，可以使对方产生认同感。

（五）及时给予鼓励和帮助

性情急躁的人工作上的动力往往源于热情，因此，在对方取得成绩时要及时给予赞扬和鼓励，以使其更好地工作。另外，这种人往往受情绪的影响而偏激，考虑问题不全面，要及时给予协助。他们在受挫时，情绪容易低落，这时要运用归因效应，将失误归因到客观方面，以恢复其信心，必要时，可采取"激将法"。

四、和孤僻内向的人相处

孤僻内向的人大多生长在比较封闭或缺乏温暖的环境中，具有极其鲜明的个性。一般外表温柔、怯懦、孤独、行动迟缓、心理反应速度慢。善于觉察细节，敏感多疑，多愁善感，情绪容易发生且微弱持久，不善于交际，富于想象，有较大的坚韧性。但在危险面前常表现出恐惧和畏缩，受挫后往往心神不安。针对这些特点，可以采取以下方法与之相处：

（一）要主动热情，积极耐心地与之交往

内向的人，一般不善交际，不愿主动出击和别人交往。但心中却愿意与别人往来，受到别人的重视，更愿意敞开心扉，寻找到知心朋友。这就要求我们在与其交往中采取主动的态度。首先敞开自己的心扉向他介绍自己的思想、经历，必要时可采用书面的形式，以自己的真诚换取对方的信任，寻找两人之间共同的爱好和兴趣。同时，当对方向你吐露心声时，要耐心听并注意不要把两人谈话透露给别人。这样，对方才能以为你是值得信赖的朋友，愿意和你长期保持友好关系。

（二）要充分照顾其自尊心

孤僻内向的人一般多愁善感，情绪持久，不愿抛头露面，就像《红楼梦》中的林黛玉一样见落花而掉泪，听风声而伤神。与其交往，要特别注意不要伤害其自尊心。对其工作、生活中的困难应给予辅助性的主动帮助，但不能太明显。对其批评，不要在大庭广众之下，最好是两人面对面交谈，对其错误以提建议方式为妥，以便于其接受和改正。

（三）要善于体察、释疑

性情孤僻内向的人一般有其独特的处理问题的方法和生活方式。对此，我们要给予谅解和尊重。必要时帮助其解释，维护他们的自尊。这样，就能赢得对方的信赖，与之友好相处。另外，孤僻的人敏感多疑，一句平常的话、一件小事也会引起他们很大的思想波动、很重的心理负担。因此，与其交往要注意体察，切忌简单粗暴，要多做一些释疑工作。

（四）要扬其所长，增强其自信心

性格孤僻内向的人，内心活动丰富，成就感很强，而且这类人往往具有某一方面的特长（琴、棋、书、画等），观察力敏锐，思维敏捷。在相处中，注意发挥其特长，充分相信其能力和水平，给予适当机会参加某些社会活动（展评，竞赛等），通过肯定取得的成绩，增强其自信心，使其逐渐克服孤僻内向的性格。

五、和骄傲的人相处

骄傲者大都目空一切，盛气凌人，说话语言尖刻，与人相处喜欢强加于人，支配一切，往往喜欢把自己的观点凌驾于别人之上，众人中唯我独尊，大有"世人皆醉而我独醒"之气概，每每把人搞得下不来台。正因如此，有些人对高傲者一概采取回避态度，不愿与之交往。有的则相反，与之针锋相对。我们说这两种处理方法都不会达到和谐的相处效果。与高傲者相处虽有一定难度，但只要采取适当方式，因人制宜，同样也会形成令人满意的和谐氛围。

（一）以退为进，宽容忍让

初次与高傲者打交道，要有足够的心理准备，不要过分表现自尊，要经得起刺激。当骄傲者正夸夸其谈，甚至对人指手画脚来充分显示自己、发泄感情的时候，我们只要采取冷处理方法，善于忍让，虚心聆听，不随便插话或当场争论，适当时候表现出充分理解他的样子，这样就会为战胜对方奠定基础。因为骄傲者往往希望得到别人对他的充分理解。我们对其行为不妨表现出以退为进，只要树立了必胜信念，不必过分计较对方态度、过激语言，最后一切都要以取得战略性胜利而转移。

（二）偶尔露峥嵘

有些高傲者往往有一技之长，有自视清高的资本。这些人最瞧不起不学无术之辈。相反，对于有真才实学者，能力在他之上者，却又像遇到知音似的格外看重，以礼相待。对于这种重才高傲者，要想与之友好相处，莫过于恰到好处地在他面前展示自己的才华，并同时给他以谦虚感。这样，他就会感到"山外有山，人上有人"，不免自惭形秽起来，这样与之相处就容易多了。据说梁启超游武昌，拜会了坐镇江夏的湖广总督张之洞。张之洞自恃学识过人，傲气十足，一见面就出了一个对联刁难他。"四水江第一，四时夏第二，先生后江夏，谁是第一，谁是第二？"梁启超才学横溢，毫不示弱，马上答道："三教儒在先，三才人在后，小子本儒人，何敢在前，何敢在后!"张之洞听后顿感天外有天,不得不折服。

(三)恭维夸赞

高傲者多看重自我形象,自我评价较高,自我感觉不错。与他们打交道不妨投其所好,对其业绩、学识、才能给以实事求是的赞美,使其荣誉感、自尊心得到满足,这样就会在心理上缩短双方差距,同样能起到左右他们态度的作用。另外,与其交往要有耐心。刘备三顾茅庐不厌其烦,终于感动了南阳卧龙,故而在《隆中对》里献出良策。

(四)避实击虚

"金无足赤,人无完人"。针对骄傲者的缺点,采取针锋相对的办法,击其要害;采取不卑不亢的态度,打掉他赖以生傲的资本,当头泼之以凉水。这时对方往往会从自身利益出发,放下架子清醒地重新认识自我,认真地把你放在同等地位上交往。这样,交往就会愉快进行。

六、和喜欢搬弄是非的人相处

(一)有主见,慎言,不轻信,不传播

喜欢搬弄是非的人的一个特点就是捕风捉影,甚至空穴来风。因此在与其相处时,首先应注意自己的言行,做到慎言,以免轻言对自己和他人造成不良影响;其次是对于喜欢搬弄是非的人传播的消息,到己为止,不传播;第三是对于传播有关自己的消息冷静思考,不轻信,尤其是对于自己不利的消息,切不可冲动而意气用事,应当不露声色,理智分析,查明真伪,区别处理。

(二)培养襟怀坦白、光明磊落的作风

树立良好的自我形象,增强免疫力。与喜欢搬弄是非的人相处在一起,要避免其歪曲是非的传播可能对自己造成的不良的影响,最好的办法莫过于培养襟怀坦白的、光明磊落的良好自我形象,置身于谣传之外。这样既可以使喜欢搬弄是非的人敬而远之,又可以使谣言不攻自破。

（三）区别情况，采用不同的批评方式

喜欢搬弄是非的人是害群之马，往往挑起事端，造成人际矛盾。因此，对其错误要根据不同情况，采用不同的批评方式。对于事实清楚与己相涉的谣传和误解可以采取当面对质的方式，既消除谣言和误解，也是对传谣者的一种无声批评。对于与己无涉的谣传应在私下指明其行为可能造成的危害性和后果的严重性，劝其改正错误并帮助他消除谣传所造成的影响，消除由此带来的人际隔阂。

七、和犯过错误的人相处

在日常的工作和生活中，一些人难免会因为这样那样的原因犯错误而受到批评或处分。由于他们在家里常被斥骂，在领导那里常受批评，在单位里常受讥讽，因而他的心理特点主要是：自卑、懊丧、悲观、多疑，非常渴望得到他人的尊重和信任。这就要求我们在与其相处时采用适当的方法才能赢得对方的信任。

（一）主动关怀

犯过错误的人因失落感容易对他人产生不信任，防范心理较强。因此，对他们应采取主动、热情关怀的态度，帮助解决学习、生活上遇到的一些困难，消除对方心中的阴影和自卑感，使他重新树立自尊，增强重新塑造良好形象的信念。

（二）理解信任

在工作和生活中要一视同仁，平等对待，不能厚此薄彼。要尽可能地给其提供更多的表现机会，使其取得成绩，体验自己存在的价值，增强其改过自新的信心。

（三）出言谨慎

一般犯错误的人往往形成一种心理防线，如不小心重提其犯错误的事，往往会引起对方的反感甚至反击。所以与其交往要特别注意出言谨慎，更不可拿人家犯错误的事进行取笑。

（四）主动帮助

犯过错误的人受到处分也许心中并不服。相处时，要主动与其谈心，摆事实、讲道理，帮助其认识错误，克服其心理的不平衡。从而鼓励其用取信于他人的汗水去洗刷曾蒙在自己身上的灰尘，并在其有所进步、有所成绩时，适时地给予鼓励和赞扬。

八、与话不投机者的对话

常言道，"物以类聚，人以群分"，人际关系中之所以会出现这种情况，是由于人们之间的心理共鸣点所致。平时，我们常会听到有些同学这样说："我与某某同学无话可说。"也就是"话不投机半句多"。因为同学们的个性不同，"话不投机"的情况总会出现，并成为影响大学生之间沟通的障碍。回避总不是明智之举，那么如何学会与话不投机者对话呢？关键就是要寻找这种沟通的切入点。

（一）多找"共同语言"

"话不投机"很大程度上是因为论题观点没有"共同点"，没有共同语言。要调动他的谈论兴致，就要提他所感兴趣的、有专长或想了解的方面，此之谓"投其所好"。有了兴趣，谈论方会有激情；有专长，讲起来才深刻生动；想知道的，说起来才可能倾吐心声。在心理学上，这就是动机激发。

（二）善于聆听别人的发言

谈话是双向的，有说有听，相互交流，彼此沟通。在谈话中，不仅要说些对方感兴趣的话题，重要的还要认真聆听对方的发言，不时表示肯定、赞许，这样才会使对方有信心、有勇气说下去。对方说得愈多，你沟通的切入点越多，贴近面就越大。

（三）加强感情培养

两个人"话不投机"，往往是由于相互间感到生疏，缺少情感。情感不融洽，就会造成对话中的鸿沟。因此，加强交往，密切情感，必将有助于对话的切入点。要做到这一点，彼此之间就应在一起多交流，多相处。交往多了，情感加深了，心理距离就会缩短，话题就会越来越多，谈兴就会越来越大。

第四章

精通语言艺术

怎样说活话

一、妙语应变术五种

在社交谈话时如遇意料之外的情况或事件，那么对应答语的要求就应该是果断、恰当、得体，做到圆满周到而无疏漏，恰到好处而无破绽。这就比有计划、有准备的言语行为的难度大得多。如何随机应变，化险为夷，这是对当事人的智慧、本领、经验和适应能力等诸方面素质的严峻考验。

应变大致可分为三种情况，即行为性应变、心理性应变和言语性应变。这三个方面是相互交叉、相互融合、相辅相成的。本章侧重言语应变能力的展示与分析。

言语应变之"变"既有自然发生的，也有人为生成的。人为之"变"，有一般的、善意的，也有恶意的甚至敌意的，就像肌体的肿瘤，有良性的，也有恶性的。但总的说，都是当事人所没有准备的，纯属遭遇性的。如记者来访，随时问卷，要求当场回答；适逢会议，即兴发言；还有在言语交际中突然有人发难、质问、挑剔，或插话讥讽，或反驳挑衅……如何针对具体情况据理回复，从容应对？一些成功的社交谈话应变例案可以作借鉴。

（一）即景借物，化险为夷——应危机之"变"

吟诗作赋，要即景生情；应付临时事变，有时也可借助于环境，就地取材。

（二）取譬成类，针锋相对——应诋毁性之"变"

比喻在修辞上使用率很高。古今中外，言谈话语，做文赋诗，都离不开它。古代有一个谏官叫惠施，他谈话常以比喻叙事明理，一些大臣跟梁惠王说，如果您不让惠施说话时打比方，他就不能说话。一次惠施拜见梁惠王，刚一开口就被止住了。"今天你跟我说话不许打比方。"面对这种人为"障碍"，惠施毫不气馁妥协。他当场设喻说，有一种兵器叫做"弹"。什么叫"弹"呢？如果说："弹就是弹，您能明白吗？"梁惠王说："不明白。"惠施接着说，"假如我说弹的样子与弓相似，只是用竹子作弦。这样您就明白了吧？"梁惠王说："能明白。"于是惠施向梁惠王请命："我今后说话还要打比方。"梁惠王又批准了他的"专利"权，靠设喻明理，由被动变为主动。

（三）心灵沟通，化张为弛——应招架性之"变"

拳击手在气虚力衰时，为养精蓄锐，往往同对手搂抱在一起，使其无法出拳，待精力恢复时，再梅开二度。言语应变，有时也施此种佯为妥协的招法。例如对对方提出的问题不便作答或一时懵住，或没有把握答复时，可以照此办理。如有一摔跤能手叫战："谁敢跟我较量较量？"马上有一个应战者："我敢！"叫战者一看，原来是个摔跤大王，自己不是他的对手，怎么办？刹那间计上心来："请你过来！"等那人来到面前，他迎过去一把抓住那人手臂，向空中一举高喊："谁敢跟俺较量？"这当然是个讽刺吹牛家的幽默笑话，但也有几分智慧在里面，算作黠智吧。那个跃跃欲试的应战者，本想对这位吹牛家一摔为快，想不到他一句话化敌为友了，反使你英雄无用武之地。感情的沟通是随机应变的重要契机。

（四）化腐为奇，点石成金——应戏谑之"变"

人怕出名猪怕壮。对一个才华出众的人，有的赞赏，有的妒忌。德高而谤兴，誉盛而毁来。更有甚者，专门在大庭广众之下，对你恣意亵渎，攻其不备，旨在使你难堪，无地自容。你置于不顾，泰然处之，还是怒目圆睁，以牙还牙，都非最佳选择。何以处之，就看你的应变艺术了。

（五）以谲不谲，戏谑成趣——应诡讹之"变"

在言语交际过程中，特别是论辩性的交锋，发难者不以理辩而采用诡辩之术，如用违背逻辑的类推法混淆视听，堵塞思路。一些讲究应变艺术的辩士，往往将计就计，不从正面揭示其"谬"，而是应之以同样荒谬的逻辑，令其捉襟见肘，即以毒攻毒。不仅反驳有力，而且幽默风趣。比如有人提出一个不存在的论题，应变者既不说"有"也不说"无"，而虚设另一个不存在的论题或现象，当对方表示否定时，再以此推及对方提出的论题，加以否定。

二、话题转移

报载：一位美国客人参观韶山毛泽东故居之后，在附近一家个体饭店吃饭。老板娘一手正宗湘菜，使美国客人吃得十分满意。付款之后，客人突然发问："如果毛泽东主席还在，会允许你开店吗？"这话甚难回答：说允许，显然不合实际；说不允许，又有贬低否定之意；不回答，也会影响交际气候。但见老板娘略加思索后，从容回答："如果没有毛主席，我早就饿死了，哪里还能开店呢？"多么巧妙的答话呀，多么敏捷的转移话题术啊！

一般情况下，人们在同一思维过程中，使用语言的内涵和外延都应是确定的，要符合逻辑的同一律，不能任意改变概念的范围。然而，在某些特殊场合，人们又可以利用言语本身的不确定性和模糊性来"偷换概念"，使对话双方话题中的某些概念的本质含义不尽相同，以求得特殊的交际效果。上述美国客人的问话当中，其实含着一个隐蔽的判断：毛泽东不允许你开店，因而毛泽东应该是否定的。老板娘听出了客人的弦外之意，便巧妙地转移话题，用毛主席缔造新中国的功绩以及对自己现实生活的影响，来回答客人旨在否定毛泽东主席的问题，既不轻慢客人，又维护了毛泽东主席的历史地位。

此类"话题转移"的语言技巧，在日常生活，尤其是外交活动中，常可收到意想不到的效果。一次，周恩来总理设宴招待东欧一批外交使节。宴席上，客人对色、香、味俱佳的中国菜肴大为赞赏，宾主之间气氛十分热烈。这时，端来一道很考究的清汤，汤里的冬笋片被雕成中国传统的吉祥图案"卍"，但这些冬笋片在汤里一翻身，变成了法西斯的标志"卐"形。外宾见了这种图案大吃一惊："为什么这道菜里有法西斯标志?"周总理先向客人解释：这是我们中国的"万"字图案，象征着"吉祥万德，福寿绵长"，表示对客人的良好祝愿。接着，总理夹起一片冬笋，风趣地说："就算是法西斯标志也没关系嘛，我们大家一起来消灭法西斯，把它吃掉!"客人们听了哈哈大笑，宴会气氛更加友好热烈，结果这道菜竟被吃得一干二净。

随机应变地转移话题，有时也是反驳对方的一种有效方法。英国前首相威尔森的竞选演说刚刚进行到一半，突然有个故意捣乱者高声打断他："狗屎! 垃圾!"把他的话贬得一钱也不值。威尔森面对狂呼者的捣乱，微微一笑，然后平静地说："这位先生，我马上就要谈到您提到的脏乱问题了。"那个捣乱者被他一下子弄得哑口无言了。

三、如何进行自我辩解

交际中常常需要进行自我辩解，自我辩解可以通过多种语言表达，下面是一些能使你说话更加肯定干脆的语言技巧。

（一）使用"我"来叙述

用"我想……""我认为……"等直接的形式，把你的感情、需要和愿望告诉他人。承认你的话来自亲身体验，才能更具有说服力。

（二）设身处地地询问对方

向对方表示看法时，可用"你觉得……""你是想……"如果在谈话中能考虑到对方的处境，那么我们说的话就不会显得虚假。那种贬低对方、恐吓对方的言论，在交际中自我辩解时都是不足取的。

（三）坦率地与人交谈

说话时应该尽可能地坦率，别故意转弯抹角。坦率与对方交谈指的是有话要直接告诉当事人，不要当面不说而背后去说，也不要心里有话而口里不说。同样的，如果你想要某个人做某事，你应该直接告诉他，而不要绕个弯子。背后的抱怨与批评不会被看成是自我辩解。

（四）使用必要重复

平静而清楚地重复你阐述的观点，表示你有自我辩解的信心。有时你简略地提及你的观点，人们不会一下子就理解它，这就有必要重复一下，把它阐述得更明白。

（五）说"不"字

在交际中自我辩解时，常常碰到的问题之一就是不好意思拒绝别人的要求。要记住，"不"字对自我辩解的作用是很重要的。

（六）适当地使用沉默

自我辩解的措辞很重要，然而，沉默有时也可以达到自我辩解的效果。当别人企图指使你去干你不愿干的事情时，你保持沉默，这时才能体现出"沉默是金"。

人际交往中的自我辩解，是在真诚而坦率地表达自己的情感、信仰、意愿的同时，也让别人表达他自己的情感、信仰和意愿。自我辩解的目的是通过交际行动来表示自我尊重，也表示对他人的尊重。因此，在交际中运用恰当的方法进行自我辩解，是建立良好人际关系的途径之一。

四、自搬梯子自下楼

在人际交往中出现困窘场面，要顺利地摆脱窘境，有一种方法叫做"自搬梯子自下楼"。如何巧用这种方法呢？

（一）变话说，也叫巧换命题

如果自己的话题使人难堪，此时最好改换话题。某村的一名干部带着人到村民家收合同款，由于话不投机，一个村民和干部闹了起来。那个村民蛮横地拿了一根木棒，对村干部吼道："你们都给我滚!"这时周围人也多了起来。这名村干部见状，严肃地对那村民说："今天你错上加错，一是拒交合同款，二是持棒要行凶。你的错误造成的影响很坏，晚上你到村委会走一趟，一是交合同款，二是作检讨。"说罢他转过身来，对带来的人说："走，到别家去收！晚上我们研究对他的处理意见。"傍晚，村里派了人上门做工作。那个村民的气也消了，将合同款送到了村委会办公室，并做了检讨。

（二）凑话说，也叫巧解难题

在特定的环境里，话题已定，别无他法，只有在已定的话题上做文章，摆脱困境。湖北农村有个风俗习惯，家里来了贵客，以鸡蛋为敬。有位老汉在外甥家做客，刚巧在外面读书的外甥女也在家，她主动地为舅舅烧火煮蛋。谁知端到桌上，她舅舅拿着筷子迟迟不吃。她妈一看，糟了，舅舅碗里是 6 个鸡蛋。这是人们最忌讳的，它的谐音是"禄断"。妈妈责怪女儿说："你怎么给舅舅 6 个蛋呢？你知道念起来是什么音吗？"女儿毕竟是聪明人，一下子明白了含义。她从容不迫地说："你们怎么那么看呢？依我看，一个鸡蛋一个椭圆体，满满的红心白肉。6 个鸡蛋象征舅舅已经稳稳妥妥、圆圆满满地度过了 60 几个春秋。这就是福，合起来就是有福有禄。我再敬舅舅一个鸡蛋。"说着，从自己碗里夹过一个鸡蛋给他舅舅："祝舅舅健康地进入 70 岁高龄。等到舅舅 70 岁生日时，我再来敬送鸡蛋，祝舅舅健康长寿。"一席话，说得她妈妈和舅舅眉开眼笑。她舅舅赞扬说："还是读书人乖！"

（三）找话说，也叫巧寻借口

如果事情已成僵局，而且越解释越糟糕，此时只有将计就计，节外生枝。有一个演老生的演员出场，没有带胡须，引得台下哄堂大笑。不少人担心收不了场。此时演员见状，自知失误，但他没有跑回后台，却在台上做了几个顶风而上的动作，他行腔高唱："一阵怪风真巧，把老子的胡子都吹落了，来人，快与我到后面去找一找？"台下顿时响起了雷鸣般的掌声。他接过马童送来的胡须戴上后接唱，"霎时年轻变年老。"这样，戏就接着往下演了。

（四）接话说，也叫顺水推舟

话已出口，造成窘境，解释也不好，冷场也不行，只有顺着话题说下去，然后再巧妙地引开。有个妇女去旅馆里登记住宿，刚巧，负责登记的女青年正在看一张小孩照片。孩子很逗人爱，她越看越高兴。妇女顺口说道："同志，这是你的小宝贝吧？"那女青年脸一红说："你这人净瞎说，我还没有结婚呢！"妇女自知口快失误，马上接着说："未结婚好，现在年轻人就是要晚婚晚育。你们真是时代的新人。"那女青年一笑，也就不说什么了。

（五）趣话说，也叫无理而妙

话一出口，令人尴尬，采取幽默的语言往往能产生喜剧感，使大家在笑声中解脱困境。有四个人打麻将，其中老张是个麻脸，老李出九饼时，有口无心地说："打广林。"（湖北人戏称麻子为"广林"，因为"广"和"林"合起来是"麻"字，又因九饼点子多，像麻子。）他抬头看见老张，才意识到自己失言。其他人也为之紧张了，牌桌上顿时空气凝固。这时老张笑着说："看来我真有'群众观点'。"（引自歇后语"麻子上戏台——群众观点"，将嘲人变为自嘲。）众人听罢"咕哧"一笑，被绷紧的场面在老张的趣话中缓和了。

（六）替话说，也叫以行代言

在日常生活中有些窘境是难以用语言解释清楚的，必须借助"身体语言"巧妙地渡过难关。有个小伙子乘火车，因有空位，他躺着占了两个人的位置，迷迷糊糊地睡着了。睡梦中，他突然听到小孩哭闹声"我要坐，叔叔坏"，眼睛一睁，才知道车上又增添了乘客，一小孩要坐，有不少人气色很不好地看着他。他没说什么，只是打了两个呵欠，用手揉了揉眼睛，站起来将小孩抱在身边的座位上。小孩破涕为笑说："叔叔真好！"他和在场的人都笑了。

（七）插话说，也叫觅船送客

这是为已出现的窘境给以台阶或幽默，顺利地将其化解。小周驾驶的汽车载人又装货在公路上行驶，他边开车边听着收音机。后面来了一辆小车，鸣笛几次，由于笛声"秀气"，小周和他的同伴都没有听见，他把小车压了好长一段路。小车瞅机会超车了，便在小周的前面停下挡住了去路。小车上的几个人下车又是指责又是骂。小周的伙伴们也不示弱，眼看一场肢体冲突就要开始了。这时，小周很冷静，他下车走上前去，边脱衣服边大声说："同志们，我今日虽然不是有意压小车，但是给大家带来了麻烦，该打。我脱了衣服，让你们方便，要求你们打轻点，打快点，打了大家好赶路。"小周这么一说，反而把大家逗笑了。大伙都说"算了"，各自走路。

以上几点解除窘境的说法，就是下楼的梯子。请君不妨一试。

五、让对方也能下台

让我来告诉你一个大学里的故事：一位娟秀的姑娘收到了一位挺出色的年轻人的求爱信。但她对他只是一般的好感，并不爱他，怎么回复他又不挫伤他的自尊心呢？她想了很久，终于想出了一个办法。有一天，几位同学凑在一起闲聊起爱情、婚姻，他也坐在不远处，于是她趁机大声说："人们说'一见钟情'，我看以一见赌一生的幸福，未免太孤注一掷！不过，如果将来有人向我求爱，我喜欢的，我会在三天之内答复他，超过了三天，我就是不同意……"后来，他放弃了对她的追求，可是他增添了对她的敬重。

雨果有句话："爱人者不被人爱是不幸的。"话虽如此，但对爱情的渴望与追求是每个人的权利，接受与拒绝也是每个人的权利。如果有人悄悄递给你一封求爱信，双方若早就有意，倒也容易处理；如果求爱者并不是自己的意中人，那么就有个如何处理的问题。司汤达在《罗马修道院》中说："谁要是在爱情上遭到波折，他心头上引起的那种苦恼，就会使他把一切需要花费精力的事都当做可怕的负担。"如果一个人由于所爱的人拒爱的处理方式不妥当，恐怕就会使自尊的火药库爆炸。尽管古巴的比利亚维得说过："我从来没有听说过，一个人不爱他不喜欢的人算是罪过。"

"爱是一种气候，一种由心灵所形成的气候。"惠特曼如是说。

那么，这回K君遇到的是什么天气呢？

他写了张条子，匿名地寄给她，上面是马克思的那一段名言：

"要想美好地度过一生，就只有两个人结合，因为半个球是无法滚动的，所以每个成年人的重要任务就是找到和自己相配的一半……"但她一直不给他答复，直到有一天上《外国文论》课前，教室里没几个人，当着他的面，她在黑板上似乎随意却字迹清晰地写了几个字："普列汉诺夫同志，不要再写没有地址的信了。"

谁都知道普列汉诺夫的《没有地址的信》，当然他也知道。他于是退却了。但他感激她，感激这位姑娘给了他一把梯子。

如果说站在人生高度回眸人生，会为自己的成长而自豪的话，那么，当我们想起别人批评、拒绝我们时的一句得体的话，一个温馨的举动，不也会令我们倍感亲切吗？

六、避免"碰钉子"

当你满怀希望地向他人提出要求时，却当场遭到对方的拒绝，那场面是很令人难堪的。这种被拒绝而产生的尴尬，往往使你感到心冷、失落，心理失衡，甚至出现不正常心理，比如记恨或报复的心理，因而影响彼此之间的关系。

在现实生活中，造成尴尬的原因很多，有些是无法预见的，难以避免的，但有些却是可以通过自己的努力加以避免的。从交际的角度来看，避免尴尬也是交际能力的组成部分。懂得并力争避免不必要的尴尬场面的出现，是每一个交际者都应该掌握的。

首先，在参与交际活动之前，要对交际对象和自己提出的要求及可能被满足的程度有基本的估计。起码要对三个方面情况有所估计：一是看自己提出的要求是否超出了对方的承受能力。如果要求太高，脱离实际，对方无力满足，这样的要求最好不要提出。否则，必然会自找难看。二是看对方的人品和自己与之关系的性质、程度。如果对方并非乐善好施之人，即使你提出的要求并不高，对方也会加以拒绝。对于这种人最好不要提出要求，不然也会自寻尴尬。此外还要看彼此关系的深浅，有时自己与人家并没有多少交情就提出很高的要求，其结果碰壁的可能性就会很大。三是看你提出的要求是否合理合法。如果所提要求违反政策规定，人家是会拒绝的，最好免开尊口。在进行求助性交际活动之前，需要先做上述估计，然后再决定如何提出自己的要求，这样做，一般说来是可以避免很多尴尬场面出现的。

其次，要学会交际的试探技巧。人际交往的情况是很复杂的。有时，即使你事先做了充分估计，也难免遭遇意外，或出现估计失当的情况。这样，尴尬场面仍然可能降临到你的头上。在这种情况下，如何避免出现令人难堪的局面呢？运用必要的试探方法，就成了交际临场时避免尴尬地选择了。常见的方法有：

（一）自我否定法

就是自己对所提问题拿不准，如果直截了当提出来恐怕失言，造成尴尬。这时，就可以使用既提出问题，同时又自我否定的方式进行试探。这样在自我否定的意见中，就隐含了两种可能供对方选择，而对方的任何选择都不会使你感到不安和尴尬。比如，有一位年轻作者在某刊物上发表了两篇小小说，可是收到相当于一篇的稿费，他想这一定是编辑部弄错了，但又没有把握。他担心直接提出来，如果是自己弄错了，被顶回来那就太尴尬了。于是，他这样提出问题："编辑同志，我最近收到了20元稿费，这一期上刊登了我两篇稿子，不知是一篇还是两篇的稿费？如果是两篇的那就是我搞错了。"对方立即查了一下，抱歉地说是他们搞错了，当即给以补偿。这位青年作者的方式是用了一些心思的。他把两种可能同时提出，而且是把自己的想法作为否定的意见提出。这样即使自己搞错了被对方否定，也因自己有言在先，而不会使自己难堪。

（二）投石问路法

当你有具体想法时，并不直接提出，而是先提一个与自己本意相关的问题，请对方回答，如果从其答案，自己已经得出否定性的判断，那就不要再提出自己原定的要求想法，这样可以避免尴尬。比如，有个女青年买了块布料，拿回家后看到售货员找的钱不对。但是，又没有把握是人家错了，于是她找了回去，问道："同志，这种布多少钱一米？"对方答后，她立即明白是自己算错了，说了句"谢谢"，满意地离开了商店。看来这个姑娘的处理方法是明智的。

这个事例告诉我们，当自己拿不准的时候，不要武断地提出否定对方的要求，最好使用投石问路法，先摸情况，再决定下一步行动不迟。有些人不是这样，他们处理问题易于冲动，情况没有搞清，就向人家提出挑战，结果是自己错了，人家反讥过来，使他们陷入窘境。比如，有的人买东西，自己没有算清楚就对售货员说："你少找我钱！"等到人家一笔一笔算清楚了，证明人家没弄错时，就会反过来戏弄他们，那就尴尬极了。

（三）触类旁通法

当你想提一个要求时，还可以先提出一个与此同属一类的问题，试探对方的态度。如果得到肯定的信息时，便可以进一步提出自己的要求；如果对方的态度是明确的否定，那就免开尊口以免遭到拒绝出现尴尬。比如，有一位干部打算调离本单位，但又担心领导当场给予否定，或给领导留下坏印象，以后不好工作。于是他这样提出问题："书记，咱们单位有的青年干部想挪挪窝儿，你觉得怎么样？"书记说："人才流动我是赞成的。"他见态度还可以，于是进一步说道："如果这个人是我呢？""那也不拦，只要有地方去。"这样他摸到了领导的态度，不久，他正式向领导提出了调动的申请。用触类旁通法进行试探，其好处是可进可退，进退自如，在交际中有广泛的用途。

（四）顺便提出法

有时提出问题，并不用郑重其事的方式。因为这种方式显得过分重视，至关重要。一旦被否定，自己会感到下不来台。而如果在执行某一交际任务过程中，利用适当时机，顺便提出自己的问题，给人的印象是并未把此事看得很重，即使不满足也没有什么感觉。比如某业务员在与某厂长谈判、生意告一段落时，向对方提出一个问题，说："顺便问一句，你们厂要不要人？我有个同事想到你们这里来工作。"厂长说："我们厂的效益不错，想来的人很多。可是目前我们一个也没有进。""噢，是这样。"在对方的否定答复面前，他一点也没有感到尴尬，但是已达到了试探的目的。试想，如果一开始就以郑重其事的态度向对方提出这个问题，并遭到对方的拒绝，那现场的气氛就可想而知了。

实际上在很多情况下，顺便提出的问题往往是自己要说明的真正意图，但是，由于使用这种轻描淡写方式顺便一说，就使自己变得更主动一些，有退路可走，可以有效地防止对方否定造成的心理失衡。

（五）开玩笑法

有时还可以把本来应郑重其事提出的问题用开玩笑的口气说出来，如果对方给以否定，便可把这个问题归结为开玩笑，这样既可达到试探的目的，又可在一笑之中化解尴尬，维护自己的尊严。

有一位同事到一个经理家作客，看到他家有一台彩色电视机，因当时的彩电很紧俏，便想请他帮忙，但又怕人家不给面子，于是就用打哈哈的方式说："好啊，你们都看上彩色的了，我还在黑白时代呢，能不能帮忙也弄一台，大经理？"经理为难地说："哎呀，你还不了解行情，现在是一台彩电，要搭十台黑白的呢！……"他见此情形，马上说："瞧把你吓得，我不过和你开个玩笑，你就是给我买，我也没那么多的钱！"就这样他适时转弯，避免了遭到拒绝的尴尬。这种打哈哈方式，真真假假，同样也可进可退，在熟人之间较为多用。

（六）打电话法

打电话提出自己的要求与当面提出有所不同，由于彼此只能听到声音而不见面，即使被对方否定，其刺激性也较小，比当面被否定更易接受些。比如，有位作者写了一篇稿子，等了一段时间没有回音，于是就打电话询问结果："编辑同志，我想问问那篇稿子的处理情况……""噢，是这样，稿子已经看到了，我们以为还有些距离，很难采用……""是这样，我会再努力的。"就这样他在较为平静的气氛中，接受了一个被否定的事实。

最后需要提出的是，避免出现尴尬并不是我们的最终目的，它不过是为了保护自己的自尊和面子所采取的一种策略性手段。然而，我们不能仅仅满足于此，应更多的研究一些在被对方否定情况下，如何运用交际的技巧，扭转败局，争取最后的胜利。这才是值得我们掌握的更有价值的交际艺术。

七、语言中的调料

语言是一种非常有趣的东西。它是人们相互沟通、交流、倾诉、传递各种信息的一种有效的工具。另一方面，它也是人们掩饰、隐蔽某些东西，转移他人的视线，扰乱他们的判断的一种同样有效的工具。语言的表达作用，人人都会注意；语言的掩饰功能，却往往会在人们不太注意时悄然实现。

看看一些常见的词汇，稍稍仔细地想一想，就会看出不少内在的奥秘来。比如：增长——负增长；先进——后进。负增长其实就是降低，后进其实就是落后，但有意无意把它们巧妙地改成"负增长""后进"，那么，语言营造的气氛，使事情即使很糟，给人的感觉似乎也能接受。

构词的不同能掩饰事实，词序的不同同样如此。两个有名的传说故事就很能说明这种微妙的艺术；曾国藩将"臣屡战屡败"改为"臣屡败屡战"，不但未挨太后的训斥，反而在太后心中树立了一个忠心就业的绝佳形象。一个绍兴师爷将案卷中"查无实据，事出有因"改为"事出有因，查无实据"，罪行的轻重程度，悄悄一笔，立即落下了好几级。

听外交官们文雅庄重的洋洋万言，是最能够尽情品味语言的掩饰作用的。听到"我们对此表示深深的遗憾"这种彬彬有礼的措辞，就有人要大为紧张了，如果再听到诸如"我们还将表示密切的关注"的客套话，那就更有点大祸临头的恐惧了，至于像"平等的交谈"中蕴含的冷漠意味，"友好交谈"中折射出的节制而平和的感觉，"亲密的交谈"中压抑着的深刻的喜悦，"极其亲密友好的交谈"中努力掩饰的激情，都是足以再三玩味的。

那些难以启口的隐私的措辞，也是语言发挥掩饰作用的用武之地。比如把不太好听的"上厕所"用"方便一下""去一号"来表达，乃至于优雅而简洁地用"去洗手间"这样既明确又规范的措辞，很有"醉翁之意不在酒"的委婉古风的意境了。至于性的隐喻，那就更不必说了。看到有篇小说写一群大学教授在牛棚里无聊瞎谈，教授也是人，难免触及原始话题，但教授毕竟谈吐文雅，不能直截了当，于是就有了用唐诗宋词来既掩饰又表露地进行对话的妙趣了。你来一句"春潮带雨晚来急，夜渡无人身自横"，他来一句"花径不曾缘客扫，篷门今始为君开。"语言的掩饰作用有时反而会强化表现能力，正如服装适当的"遮"，有时反能强化"露"的感觉。

　　在日常生活中，语言的掩饰作用莫过于体现在那些八股式的措辞中："适当的时候我们会尽力考虑的""假如没有变化的话，我想这件事能办成的""也许他不会来了，不过我想他应该会来的"……听上去那么亲切的话，仔细揣摩一下，也全都是空话废话没有任何实际上的明确意义的话，但语言的掩饰作用，却能让人迷恋于形式的漂亮而忽视了内容的空洞。

　　不管怎么样吧，对于这个并不完美的世界与生活，我们都需要构筑一些也许是虚设的语言氛围与语言情境，通过语言的掩饰作用来使我们享受到一些比真实更美好动人的东西，就像一部影片中，沉湎于男主角的魅力中的既清醒又宁愿片刻地陶醉的女主角闭着眼睛，在热吻中喃喃重复："请对我撒谎，亲爱的，请再对我撒些谎。"

怎样说软话

一、当你做错事情的时候

人非圣贤，孰能无过。关键在于如何正确对待、巧妙处理自己的过错，才能赢得别人的同情、理解、宽容、原谅，以达到解释、说服引导、相互沟通、转化矛盾、反败为胜的目的。

那是一个典型的上午，女职员黛博拉·沃克刚进办公室，上司便交给她一些繁重的新任务，并且告诉她，在往后的几个星期里，他要给黛博拉加大工作量，将她"推向边缘"。

"这人真是个工作狂"，黛博拉暗自想道，"他怎么如此麻木不仁？"

她用自己的计算机给一位同事打印了一封短信，信中抱怨她的上司"机器人"般缺乏人情。随后她将这封信通过办公网络传到那位同事的计算机上。同事看完信后，也表示颇有同感。

黛博拉突然发现坐在办公室另一端的上司脸色通红，充满了极度震惊的表情。猛然间，她感到自己错了。结果，她手上的信并没有交给那位同事，而是站起来交给了上司。

任何人都会有做错事的时候。开始时，我们惊讶，不愿相信这是真的。但一旦过失已经形成，我们就应努力地挽救它。值得庆幸的是，错事做后并不是毫无办法，总有一些良方妙计可用来弥补它。你想弥补过失，挽回损失和影响吗？下面几个要点须牢记在心：

（一）讲清细节

做错事情之后，大多数人都会自我羞辱一阵，然后去向人低声道歉，接着便灰溜溜地离开。但许多情况下，仅靠一句"对不起"是不足以获得谅解的，以黛博拉的事件为例，它尚需要诚恳的交谈。

急促地呼吸了一阵子之后，黛博拉匆匆草写了一张便条给上司，约他百忙之中抽空谈一谈。上司同意了，于是，他们一起走进一间空会议室。

"显而易见，我写的那封信绝无其他用意，我现在倍感悔恨。"黛博拉向上司解释道。她之所以使用"机器人"之类的字眼，只不过是要开个玩笑，她感到上司对她有些疏远、麻木，因此"机器人"三个字只不过是描述她这种感情的一种简短方式。

上司为黛博拉合情合理的解释和自我批评而深受感动，他甚至当即表态，说要努力善解人意，做个通情达理的人。"黛"，他说道："我们的谈话到此为止，这件不愉快的事也到此结束，让我们都忘掉它吧。"他很守信，此后的交往使黛博拉深深地感到这位上司好处多了。

把问题讲清楚，通过这种方式，黛博拉帮助上司做到了平心静气，并顺利地解决了他们之间的感情危机。

（二）表明你真实的感情

公开出错给人带来的窘迫常使人去过度道歉，"而受害者常常希望看到你深感悔恨的感情体现。"莫塞尔指出，"如果你过失之后能表现出歉意和窘迫不安，对方就会心平气和，对你宽容一些。

几年前，朱迪丝·马丁曾不慎导致了一场交通事故，她对犯错后诚恳认错所引起的神奇力量深有感触。朱迪丝驾车不慎，撞入一个交叉路口，结果将一载人汽车撞伤，车上坐着一夫一妻，还有一个孩子。尽管听说对方无人受伤，朱迪丝还是忙不迭地向人道歉："对不起，对不起，我真对不起你们。"

朱迪丝诚恳的道歉使她在几星期后的交通法庭上顺利通过，对她的过失进行宣判（判她去驾驶员学校上两次周末课程）后，受害车的主人同情地陪同朱迪丝走出法庭，并对她丈夫说："你妻子真是一位有修养的夫人。"

"是啊！"朱迪丝的丈夫则不无幽默地回答，"如没这个修养，可能就开不成车了。"

朱迪丝的道歉并不仅仅是一种礼仪形式，而是真诚地承认错误。事后朱迪丝这样描述真诚悔恨所带来的后果："绝大多数人都是通情达理的，如果你诚恳认错，他们就会慷慨大度。"

（三）谨慎辩解

学校要组织一群学龄前儿童进行演出，我把一段朗诵词分配给一位四岁男孩让他朗诵，可他却懒洋洋地睡在那里不动。于是，我把这一情况反映给他的家长，他的父亲却在电话里抱怨说："那不是我们的孩子，是别人的，你弄错了。"

"可主持演出的女教师说那个孩子就是你们家的。"无意之中，我脱口辩道。这句话使对方恼羞成怒，他把这件事汇报了我们领导。

诚然，推卸责任是人们找借口辩解的一种有效方式，然而，问题不在于我曾找借口辩解，而在于我辩解时太直率生硬了。

任何人都会进行辩解。心理学家斯尼德指出："如能使双方感到出现目前的过失是事出有因，而且保证不再会重复，找借口辩解可解除大家的紧张情绪。"且借口如能成为解释，便更能使人感到舒适惬意。斯尼德又补充道。

我应该向那位犯怒的父亲道歉，并向他解释我听到的情况不全面。我的自我批评如能使他满意，他也许会乐意听我讲完整个情况的。

（四）努力补偿

道歉和辩解（解释）之后，你还必须采取措施挽回你所造成的损失。通常情况下，正确而恰如其分的赔偿是很难做到的，它不仅仅只是按价付款赔偿后便完事大吉。旧金山有位名叫卡拉·安·史密斯的律师，她永远无法赔偿那块她向别人借用、而后却不慎丢失的水晶金刚石头饰。这块头饰是她一位朋友作为美女比赛的冠军而戴在头上的一种花冠标志，它的价值是无法用金钱表示的。

卡拉并没有向对方提出赔偿，而是花了整整一天的时间到旧货商店里去搜寻，直到发现一块类似的花冠头饰。她愉快地为它支付了 50 美元，然后去把它还给朋友。

当损失和伤害来自感情方面时，作为信物或纪念品的礼物，例如一束鲜花，作为补偿会有一定的作用，但仅用物质姿态也并不能总奏效。

（五）吸取教训

著有数本礼仪书籍的作家利蒂希娅·鲍尔德里奇曾因为过失而使自己追悔莫及，甚至改变了她的日常行为习惯。受聘于联合国某机构的一位朋友为利蒂希娅和丈夫准备了一顿丰盛的晚餐，还邀请了两个国家的大使一同出席。

"我们为能参加这样的晚餐而倍感荣幸"，利蒂希娅说道："可是我却因过度兴奋而将约会的日期记错了。在人家为我们举行丰盛晚餐时，我们却去看电影了。"

第二天早晨，朋友打来电话，听到电话中朋友伤心的话语，她痛苦欲绝："当时，我真想一死了之。"她在电话里诚恳地向对方道歉，并且亲自前往朋友的办公室向她领罪，随后又写了一份长达四页的忏悔自责信，连同20 多支玫瑰一同送给这位朋友。六个月后，她又送上一份更多的鲜花给这位朋友，来纪念自己的过失。这时候朋友早已原谅了她，但她仍在电话中再次安慰利蒂希娅："蒂希，我早已原谅你了，你别太介意了。"

也许已得到了朋友的谅解，但刺激仍然存在，它给人留下一个永远洗刷不掉的污点。现在，每遇到一些重大的约会，利蒂希娅都反复核对它的日期，她总是在电话中一再订正，随后便把它记在桌上的记事本上。

"常言道：过失造就完人。"莎士比亚曾写道："而且，对于大多数人来说，某些过失的确能看做是自我完善的一个机遇。"的确，所犯的过失越大，为你所提供的成为完人的机会也就越大——只要你懂得如何弥补这些过失。

二、言失莫强辩

终止失误，偃旗息鼓，这是自己在论战中不慎失误、造成明显不利形势时，采取的一种暂时退却的策略，以便振作精神，调整战术，伺机再论。

任何人在论战中都难免失误，任何一方都可能遇到强劲的对手，若一方稍有不慎，就会被对方抓住把柄击中要害。此时既不能强辩，也不可狡辩，否则将失败得更惨。为了终止已造成的失误，最好装聋作哑，不予理会。雄辩大师丘吉尔说："我以多次陷入相似境地的同伴身份，让我冒昧地向同事提出劝告，最好的撤退方法就是一心一意地撤退。"

历史上和现实中许多能说会道的名人，在辩论失利时仍死守自己的城堡，因而惨败的情形不乏其例。比如1976年10月6日，在美国福特总统和卡特共同参加的、为总统选举而举办的第二次辩论上，福特对《纽约日报》记者马克斯·佛朗肯关于波兰问题的质问，作了"波兰并未受苏联控制"的回答，并说"苏联强权控制东欧的事实并不存在"。这一发言属明显的失误，当时遭到记者反驳。但反驳之初佛朗肯的语气还比较委婉，意图给福特以订正的机会。他说："问这一件事我觉得不好意思，但是您的意思难道在肯定苏联没有把东欧作为其附庸国？也就是说，苏联没有凭军事力量压制东欧各国？"

福特如果当时明智，就应该承认自己失言并偃旗息鼓，然而他觉得身为一国总统，面对着全国的电视观众认输，决非善策，于是继续坚持，一错再错，结果为那次即将到手的选举付出了沉重的代价。刊登这次电视辩论会的所有专栏、社论都纷纷对福特的失策作了报导，他们惊问："他是真正的傻瓜呢还是只像驴子一样的顽固不化？"

卡特也乘机把这个问题再三提出，闹得天翻地覆。

高明的论辩家在被对方击中要害时决不强词夺理，他们或点头微笑，或轻轻鼓掌。如此一来，观众或听众弄不清葫芦里藏的什么药。有的从某方面理解，认为这是他们服从真理的良好风范；有的从另一方面理解，又以为这是他们不屑辩解的豁达胸怀。而究竟他们认输与否尚是个未知的谜。这样的辩论家即使要说也能说得很巧，他们会向对方笑道："你讲得好极了！"

某校某班在一次高考中，数学和外语成绩突出，名列前茅。校长在总结时这样说："数学考得好，是老师教得好；外语考得好，是学生基础好。"

在座群众听罢沸沸扬扬，都认为校长说法显失公正。一位教师起身反驳："同一个班，师生条件基本相同。相同的条件产生了相同的结果，原是很自然的事，不公平的对待，实在令人费解。原有的基础与后来的提高，有相互联系，不能设想学生某一学科基础差而需要良好的教学就能提高。校长对待教师的劳动不一视同仁，将不利于团结，不能调动广大教师的积极性。"

会场有人轻轻鼓掌，然后是一阵静默。而静默似乎比掌声对校长更有压力和挑战意味。校长没有恼怒，反而"嘿嘿"地笑起来，他说："大家都看到了吧，老师能言善辩，真是好口才。很好，很好！言者无罪，言者无罪。"

尽管别人猜不透校长说这话的真实意思，然而却不得不佩服他的应变能力：他为自己铺了台阶，而且下得又快又好。听了上述回答后，无人再就此问题对校长跟踪追击。

既要撤退，就不宜作任何辩解。辩解，无异于作茧自缚，结果无法摆脱。

三、说服的方法

说服，就是说明道理，使之信服、服从。同样一个理，用不同的方式说出来，其效果大不一样，因此，说理也有技巧。下面介绍八种方法。

（一）正面说理法

这是最一般的方法。"有理走遍天下，无理寸步难行。"要说服人，关键是自己有理，"真理的力量是无穷的"，一般说，只要能把道理讲明，就能把人说服。不善于说理，光靠喉咙粗、嗓门大武断下结论，是于事无补的。所以领导者要善于分析问题，善于逻辑推理，把理由摆充足，把道理讲深透，把真理交给群众。理论越彻底，越能征服群众。正如马克思说的："理论只要说服人，就能掌握群众；理论只要彻底，就能说服人。"

（二）事实说服法

一般人都重视事实，不轻信言辞，对受过几次骗、不肯轻信的人，只有拿出铁的事实，让他看，让他想，才能使他心服口服。

（三）耐心疏导法

做思想工作，人家一时想不通，你不能强行"我打你通"，应该允许人家保留看法，应该耐心等待，想方设法，细心疏导，直到想通为止。越是艰苦的思想工作越是要有耐心，既要积极地启发、诱导，又要允许有一个转变的过程。"欲速则不达"，雷厉风行的做法对于转变人的思想是不适宜的，必须用耐心疏导法。

（四）比较说服法

在日常工作中，常常会遇到不能两全其美的选择。这就要用比较法，来权衡利弊大小，说服人们做出利大弊小的选择。

《战国策·秦策》上讲了个故事。有一次魏赵韩三国联盟攻秦，兵逼函谷关，形势危急，秦王想割让河东之地与三国求和，于是召公子池商量。公子池说："讲和大王要后悔，不讲和大王也要后悔。"秦王说："那为什么？"公子池说："大王割让河东之地而讲和，三国退兵后，大王一定会说：'真可惜！三国退兵了，我却把三座城池白白地送给了他们！'这是讲和后的后悔。不讲和，三国兵入函谷关，危及咸阳，大王可能又会说：'可惜啊！我舍不得三座城池，落到这等地步！'这是不讲和的后悔。"秦王说："反正都要后悔，不如后悔失去三座城池，而不后悔咸阳危急。行啦，我决意讲和啦！"于是派公子池以三座城池与三国讲和，三国之兵遂退。

公子池的用意很明显，是劝秦王讲和，但他却只分析利害得失而不直言取舍，帮助别人分析而最终让对方选择，这种比较分析艺术，可以说是"不断之断深于断，不劝之劝深于劝"。

（五）明扬暗抑法

在盛怒中的人，有时会失去理智，如果这时直接指出他的不对，往往会火上加油，难以接受。可用褒贬结合、明扬暗抑的方法，当面公开肯定、赞扬他的长处，再从侧面暗示他的短处，说服效果会更好一些。《资治通鉴》中写"杜袭谏曹操"，就用此法。

建安二十四年（219 年），刘备杀了曹操的征西大将军夏侯渊，夺取了汉中。曹操大怒，亲率大军讨伐刘备。此时关中营帅许攸也不服曹操。曹操盛怒之下，决定先伐许攸。好多大臣主张招抚许攸，以便集中力量对付刘备。曹操一概不听，并横刀在膝，以戒谏者。

关中的留守长史杜袭对曹操说："你认为许攸是怎样的一个人？"曹操说："凡人。"杜袭说："天下中有贤人理解贤人，圣人理解圣人。凡人怎能理解圣贤呢（把曹操捧为圣人）？眼下豺狼当道，你却要先打狐狸（贬许攸）……千钧之弩，不为鼷鼠而发，万古之钟，不因莛撞而响。（一扬一抑），小小的许攸值得烦劳您的圣明威武？"曹操点头称是，派人去安抚许攸，许攸很快归附了。

杜袭先给曹操戴了顶高帽，称他为"圣贤"，缓和了曹操的怒气，为说服创造了良好的气氛，然后再批评他"豺狼当道先打狐狸"的错误主张，先扬后抑，明扬暗抑，便收到了良好的说服效果。

（六）委婉说服法

正处在得意之中的人，在顺境中的人，获到某项成功或取得了某种胜利的人，头脑发热、虚荣心强，往往愿听顺耳话，如果直截了当指出他的错误想法或做法，犹如当头泼一瓢冷水，扫了他的兴致，他就会不高兴。最好用委婉的方法，陈述利害，使之醒悟。《资治通鉴》中樊哙、张良劝刘邦，效果不同，便是一例。

刘邦率兵入函谷、破咸阳，灭亡了秦朝，"彼可取而代之"的宏愿就要实现，不禁忘乎所以。他入秦宫，见宫室帷帐，富丽堂皇，美女珍宝，不计其数，便想留在宫中，享受一下当皇上的快乐。樊哙气冲冲地说："沛公是想得天下，还是想当富家翁？此宫中所有，皆秦所以亡天下也。愿公急还霸上，勿留宫中。"刘邦大为反感，不听。这时张良赶来，对刘邦说："只因秦王贪暴，你才取得了今大的胜利。我们既然为天下除去暴君，理应以节俭为本。现在刚进咸阳，如果又像秦王一样享乐，岂不等于助桀为虐！况且'忠言逆耳利于行，良药苦口利于病'，愿您听樊哙的话。"刘邦幡然醒悟，退出秦宫，还军霸上，从此揭开了楚汉战争的序幕。

樊哙、张良讲的道理一样，为何效果不同？原来刘邦先破关灭秦，取得了意想不到的胜利，正在志得意满之时，虚荣心、享乐主义正在膨胀。虽然樊哙对他忠心耿耿，但说话直杠杠、硬邦邦，正在做着皇帝梦的刘邦自然听了分外刺耳，产生了"抗药性"。而张良在表达方式上却委婉文雅，他从分析秦亡汉胜的原因入手，为刘邦总结经验教训，接着说明贪图享乐的严重后果，每个字都说到点子上，最后又重申了樊哙意见的合理性，使刘邦愉快地接受了意见。

（七）迂回说服法

对刚刚遭受挫折或不幸的人，不要直接指出他的错误，那样等于在他受到创伤的心灵上再撒一把盐，会产生逆反心理。说服这样的人，要体贴关怀，温暖他的心，用迂回的方法说服，效果会好一些。《战国策·赵策》中触龙说赵太后，便是用的"迂回战术"。

赵太后刚死了丈夫，年幼的儿子当了国君，但不会理政，国家大事还得她操心。这时，秦攻赵，外患内忧，使这位老妇人心如火焚。向齐国求救兵吧，齐国人要用她的小儿子长安君作人质，她说啥也舍不得把这宝贝疙瘩送作人质，当时，她的心情坏到了极点。当大臣们纷纷劝说时，她气冲冲地说："谁要再提这件事（用人质换得齐国出兵），我就用唾沫吐他的脸！"可见说服赵太后难度是多么大！然而太师触龙却用迂回战术说服了赵太后。共用了三个步骤。

第一步：施之以礼。触龙拜见太后时，如果一味强谏，势必形成尖锐矛盾，而不能达到说服的目的。所以他绝口不谈让长安君为人质之事，而是对赵太后关心体贴，问寒问暖，谈饮食起居的养生之道，从感情上打动了太后，打破了僵局，缓和了气氛，使"太后之色少解"。

第二步：动之以情。触龙抓住对方爱子的心理，巧妙地提出了为自己的幼子求职的事，先从自己爱子谈起，情词委婉，引起太后感情上的共鸣；接着与太后争谁爱子爱得更深切，使太后转怒为笑；继而把太后的爱燕后与爱长安君作比较，引起"父母之爱子，则为之计深远"的主题。

第三步：晓之以理。利用太后爱燕后与长安君表现不一致的矛盾，援引历史教训开导以后，联系国家安危，分析利害，使其认识到爱子深切与否关键在于是否"为之计深远"，接着提出主张：真正爱护长安君，应为他"计久长"，使其"有功于国"。终于使太后心悦诚服地答应："诺，恣君之所使之。"于是，长安君为人质，齐出兵，秦军退。

触龙不愧为做思想工作的专家，他面对难以说服的对手，采用迂回战术，由远及近，由小及大，由己及人，由生活琐事到国家大事，由爱女到爱子，由自己爱子到太后爱子，由假爱到真爱，一步步达到了说服的目的。我们做思想工作，也不妨学习一下触龙，面对难以说服的对手，来点迂回的战术，先打破对方的思想警戒线，然后逐步深入，动之以情，晓之以理，把对方说服。

（八）讽喻说服法

这是一种面对难以说服的对象或难懂、难理解的道理，借用说寓言、讲故事来说服的方法。这种方法，在春秋战国时特别盛行，诸子百家大都喜用这种方法。

《吕氏春秋》中有一篇"察今"，主张根据当今的形势制定法令制度，而不能机械地"法先王之法"。这是一篇主张变法、改革的好文章。但劝说国王进行变法改革不是件容易的事，所以，从说理和讽喻两个方面交叉动用，反复论述，短短不足千字的文章，就引用了三个生动的寓言故事。

在从理论上阐述了旧法不能用的原因后，又引用了一个"荆人袭宋"的故事，说明机械搬用旧法的危害。

楚国想袭击宋国，就派人先测量一下界河——雍水，并在水浅的地方做上了标记。雍水上游下了大雨，河水突然暴涨，可楚国军队不知道，夜间仍按标记偷偷过河，军士一下河就淹没了，军队惊骇之声就像都市里倒塌了房屋一样，淹死了1000多人。现在国王照搬先王的法令，同这个一样。时代变了，还捧着老皇历不放，怎能不发生悲剧呢？

在从理论上阐述了制定法令的目的后，又引用"刻舟求剑"的故事，从反面说服模仿旧法，绝达不到现实的目的。

楚国有个人坐船渡江，他的剑不小心从船上掉到江里去了，他赶快在船边刻上了记号："这是宝剑掉下去的地方。"船到了岸边停下了，他急忙从刻记号的地方潜到水中去捞，可那剑怎么也捞不到。船走了，而落入水中的剑并没走，按这种方法找剑，不是糊涂得很吗？现在有的国王按先王之法治国，时代变了而法不变，以此治国，怎能达到目的呢？

在全文的最后，又用"引婴投江"的故事，批判了国王之所以照搬先王之法的主观主义的思维方式。

有个过江的人，见一个人抱着个婴儿要往江里投，婴儿吓得哇哇直哭。这个人问："这么小的孩子，为什么往江里放？"那个人回答："他的父亲善于游泳。"其父善游，难道其子一定能善游吗？游泳术不是天生的，也不能遗传，同样，治国之法也不是天生的，也不能遗传。只有国王在治国实践中不断增长本领，不断制定新法，才能把国家治理好。

用讽喻的好处是形象生动。容易打动人心，浅显易懂，容易使深奥的道理通俗化，许多成语故事，如"自相矛盾""唇亡齿寒""螳螂捕蝉""鹬蚌相争"等等，在当时都是讽喻说服的范例。

四、不伤面子的索还、索赔技巧

日常生活中，常有人（甚至包括企业）在向人索还、索赔东西时，由于言辞不妥，非但不能顺利及时地得到自己所应该得到的东西，反而冲撞了对方，得罪了人，弄得不欢而散。可以说，不涉及诉讼的索还或索赔也是一项特殊的经济活动，其效果如何，结果怎样，在很大程度上取决于索还、索赔的人言谈策略和言语内容。这里，我们结合一些事例，谈谈在向人索还、索赔东西时应该注意的几点（当然，一些重大的索赔、索还活动需通过法律程序解决，我们这里只就当事人"私下里"的这类事情而言）。

（一）巧妙地提醒对方

在许多情况下，对方欠下了自己的钱物或该赔偿自己的钱财，会主动还给自己，至少也会记住他"该你什么"。不过，在个人或集体之间的交际中，也会发生这样的情况：对方忘了这件事，或者故意装糊涂，干脆就不想归还赔偿你的东西。这时候，你应巧妙地给对方提个醒儿。提醒对方可以是委婉的，例如，可以说："我最近手头的钱比较紧张，花销比较大""记得有人借走了我那本书，但记不准是谁了"等等。听到这类话，对方一般就会想一下自己是否欠你的东西，或是能想起"该还你的东西了"。又如，假若你提着一件比较值钱的工艺品在马路上正常行走，突然被一个横冲直撞的骑车小伙撞倒在地，打坏了工艺品，这时你若想要他赔偿这一损失，就可以说："这件工艺品价钱可不便宜呢，我是代朋友买的（或'送的'），现在，我怎样去向朋友交差呢？"对方听了，大多会意识到自己的一声"对不起"是应付不过去的，而该赔偿你了。这样说话，总比点破了你的意思要好些。当然，如果对方"反应不过来"，那就可再说明确些了。

（二）有理也不一定要"气壮"

对方欠你或该赔偿你钱物，从经济制约关系上看，你自己是主动者，对方是被动者，你要对方归还、赔偿东西，是你的权利。从这个角度上看，正常的索还、索赔是无可非议的、应该的，即"有理"。但是，有人误以为一旦处在这种关系中，自己就成了主宰，对方理所当然要听从自己的命令甚至指斥。殊不知，债务人和债权人的人格是平等的，因此，这样做是很不妥的，也常常会把事情弄糟。

有这么一件事：一个同学晚自习后从教学楼里出来，由于本来眼睛就高度近视，加之连续几个小时的夜读使脑子晕晕乎乎的，在出门时，一不小心，一头撞在玻璃大门上。玻璃被撞坏了，而那位同学的前额和脸颊也受了伤，疼得叫出声来。这时，看管大门的人走过来，劈头就骂："你长眼睛了吗？这么大块的玻璃你都瞅不见？赔！没说的。一块玻璃100块！别走，拿钱来……"那位同学受了伤，又遭骂，还要马上掏出一个多月的伙食费赔进去，真是气不打一处来，与管理员顶了起来："平常都开这一扇门，怎么今天把它关起来了呢？再说，你这玻璃这么透明，关上的部分应该有符号标明一下。现在，我撞坏了玻璃，是该赔点儿，但也不全是我的责任，你们还要向我道歉呢……"结果自然是当场便吵开了。

这件不愉快的事情值得我们思考。那位看管大门师傅的索赔本是"有根有据"的——损坏公物当然是要照价赔偿嘛，但是，具体分析起来，我们觉得那位同学感到委屈也是可以理解的。如果那位师傅不是那样盛气凌人，而以另一种口气向这位同学表示需要赔偿的意思，那么事情一定会办得顺利些。他可以这样说："我今天开了另一扇门，把这一扇关上了，没想到有人走老路，撞上了玻璃对不起啦。不过，玻璃是公家的，又比较贵，按学校规定，你还得出点'血'，适当赔一点儿。我是管这门的，很抱歉，我只有这样做了。如果你手头没钱，可以先把学生证给我看一下，以后再说。"这样就是有理有节又解人意，那位同学听了，至少也不会那样顶撞他了。

五、"随声附和"得体为宜

"随声附和"这个成语，讲的是别人说什么，自己跟着说什么，没有主见，"附和"本身并无褒贬之分，问题出在"随声"上。怎样做才能做到既附和，而又不完全随声。简单地说，根据语境和目的的不同，附和要因人、因情、因境而异。

（一）应答性附和

节目主持、实地采访、征询意见、日常交谈等，有问有答，就有附和性应答。一位日报记者到农村实地采访，发现有成片土地抛荒现象，便向种粮的农民作调查，几位农民朋友嚷开了："化肥涨价，涨得叫人受不了。""辛辛苦苦种一年地，不如人家外出跑一气。"这位记者附和道："是这样，是实情。""不过这位朋友说'种地'不如'外出跑一气'，倒也启发人。种田人抽空外出走走，掌握些信息，比较比较，动动脑筋，包括农闲外出做些挣钱活儿，也不失为好办法。面向市场吗，对不对?"说得在场群众频频点头。

这位记者的"附和"很值得思考。首先肯定农民朋友反映的是真实情况，得到了大家的首肯，取得心理认可。但记者没有一并投入埋怨的理论中，而是抓住农民话中的比较，深化开发，引出多种经营、生产自救的一段既原则又有启发作用的见解。难怪听的人点头称是。这比起那些只是简单重复"嗯""对""噢"之类的应答，自然要高明得多。

（二）赞同性附和

有些场合，一个人发表的意见，代表了大场多数人的看法，这就会有附和。"我也同意""我也赞成"之类，容易失之于简单和俗套。这当中自有附和的艺术讲究。

在一次厂班组评优会上，张勇列举王华亭的三个主要事迹，认为应当评为厂学雷锋积极分子。有目共睹的三点为：一是本职工作搞得出色；二是帮助青年工人李云祥排忧解难；三是业余助厂搞推销。有人持反对意见，一点是青工李云祥是王同在一组的朋友；另一点是搞推销，接受了厂里的奖金。这时，人们议论开了，有人同意，有人反对，莫衷一是。老工人朱金虎站了起来，他说："王华亭与李云祥是好朋友，这是事实，帮助同班组的朋友解决困难，让他更好地为厂工作，这当然也是雷锋精神的体现；推销拿奖金，这也是事实。大家想，如果大家都能像王华亭那样关心厂子，又怎么不能成为先进，雷锋精神又怎么会不得到发扬，厂里又何尝不能发展前进呐?"一席话，说得大家心服口服，意见得到了统一。

朱金虎的话显然是附和张勇的，即赞成王华亭为学雷锋积极分子。但朱金虎不只是简单地表个态，而是从道理上讲清赞同的原因，避免了那种比喉咙，甚至闹意见的纷争场面。这件事告诉我们，赞同性附和除了明确地表明自己的观点外，更重要的是讲出道理来，且要具体，要实在，要有自己的新见。

（三）恭维性附和

有时，出于交际和某种目的的需要，为了给对方以好感，常出现一些"一人呼之数人应之"的情况。此种境况下的附和，易出现奉承、讨好，甚至阿谀谄媚之嫌。怎样进行恭维性附和，不妨看个实例：

向阳村为兴办一座村办厂，找到本村一位在上海工作的姜供销员，请他想点办法。双方谈妥，村里出厂房、劳力及部分资金，对方包供货、包生产技术、包产品销售及大部分的资金。利润的分成，让村里得大头。这是一件明显给家乡以帮助的实事。老姜在交谈之际，坦然说道："我是看在家乡领导三番五次跑上海，看到家乡经济上不去，才下决心出这把力的。"这是他的真心话。村长徐友海附和道："老姜为家乡人民着想，这大家都清楚。家乡的父老乡亲不会忘记你的，我们自然会尽到我们应尽的责任义务。"

徐村长没有简单地说"是""对""谢"，而是话中有话，弦外有音。首先肯定了眼前事实，认同了对方，接着暗示出了既然是合办厂子，家乡人民也不会亏待你，事情本身就有着互利互惠的因素，最后表面上是说村里会尽职尽力，办好我们的事，而另一方面，又要求对方也应落实在行动上。

徐村长的恭维性话语讲得很有分寸，适度得体，柔中有刚。这就告诉我们，恭维性附和要做到有节亦有度，"过"与"不及"都是不行的。

（四）劝慰性附和

在一次几个同学的聚会上，村干部杨金泉与镇水利站站长陈业精相遇到一起，几个人海阔天空地神聊一会儿后，扯到小孩的读书情况上。陈站长感叹道："我的小孩读书没门了，初中读了一学期，还弄不清负二加一等于多少，以后的工作又成了难题。"众人顺势劝慰开了。杨金泉也附和道："实在读不来书，以后就让他接班，弄个站长当当算了。"杨的话还没说完，陈站长却见外了："我这个站长要拿预算，搞计量，做结算，并不是负二加一等于多少都不会的人。"杨再三解释，陈总是怏怏不乐。

这是一个劝慰性附和失败的例子。杨金泉本来并无恶意，之所以遭到陈业精的误解，就是缺少必要而中肯的分析。关心后代，这是人的一大本性。陈业精又何尝不想儿子赶上甚至超过自己呢。杨金泉虽然认识到这点，但他没有把握住陈业精的特殊心境，未能取得心理相容，冒失地做出简单化的劝勉，导致对方的不快和误解。

这件事形象地告诉我们：劝慰性附和要因时、因人而异，不应简单地类比或草率地安慰、那样只能把话说糟。劝慰不成反遭怨，就事与愿违了。

要做到附和得体，有三点需要注意：

1. 附和的原则性。

生活中的是是非非，事情的曲曲折折，若是一味附和，就容易失去做人的尊严、做人的准则，特别是碰到有些领导信口开河，你也跟着说"言之有理""指示英明"，那就成为献媚者了，是要遭人唾骂的。很明显，在大是大非问题上，必须旗帜鲜明，是非清楚，公私分明，毫不含糊。这就是说，"艺术"服从于原则，不可丢掉原则讲"艺术"。

2. 附和的应变性。

我们常见到这样一些场合，双方争得面红耳赤，风不让雨，雨不让风。有些人会突然掉转话头，寻求支持者，问在旁的其他生、熟人"对不对""错不错"什么的。这时，叫被问者很难办。当你是个被问者，你的附和就必须具备应变性，把握分寸，委婉陈词，或明说不参与讨论。因为弄得不好，附和一方，而得罪了另一方，无端寻个不快。

3. 附和的艺术性。

附和有"附和"自己的艺术，讲究娴熟的语言技巧，曲折有致的语意表达，灵活多变而又适度得体。它有别于油嘴滑舌，模棱两可，人云亦云，从以上所举实例可略见一斑。

怎样说硬话

一、学会据理力争

在交际过程中，有时会遇上不太讲道理的人，或者对某一事物抱有偏见的人，这是鉴别你行为准则的时候。一味顺从，若是有朝一日他醒悟过来时，就会埋怨你，痛恨你。只要你善意地讲究方式地据理力争，一旦他明白了，就会感激你，敬重你，虽然当时他也许并不十分赞赏你。

有一个中学生整天垂头丧气，无精打采，他父亲推测孩子必是在学校遇上什么麻烦了，经再三的逼问，孩子才道出真情。

原来是同老师发生了争执。他提出老师的评分方法不对，而老师竟然在词穷理亏之余，迁怒于他，平时不理睬他，上课时他举手提问，也装作没看见。

父亲听完儿子的陈述，拍案而起："好极了！年轻人，我支持你。"这位父亲的做法非常明智，并不因为是老师就盲从，对儿子的正确做法给予了支持，虽然一般情况下，总是老师比学生正确。

作为一个现代人，同一切不合理的事物抗争到底，为维护真理而不屈服，这是应有的本分。

一个华裔美籍教授坐飞机从中国香港到美国，泛美航空公司把他的座位安排到后面靠厕所的地方。上了飞机，他发现前面的许多座位居然都空着，于是立即前去交涉，询问航班是否有种族偏见，泛美航空公司立即把他的座位作了调整，并给他送去一份礼物，表示歉意。

在社会上，即使是成年人，有道德的人不少，而有勇气的人却不多。如果面对不公平的现象，没有人敢挺身而出，与之抗争，那么不公永远不公，委屈就永远委屈，所以我们都应作大胆的抗争者。

作一个抗争者，还必须讲究风度，比如像西方竞选总统，评论员总是把竞争者是否从头到尾面带微笑，列为第一点。换句话说，假如我们义正词严地与人辩论，也应保持自己的冷静态度，并尊重对方的人格。因为我们抗争的是事情而不是对人的诋毁。

作一个抗争者，尤其是带头的抗争者，往往也是最早的牺牲品。有个学生就因为在学校与老师争辩，而未能得到优秀的成绩，而优秀成绩对他而言是当之无愧的。

尽管抗争可能带来损失和惩罚，但我们不应为此感到愤愤不平。如果因我们理屈，则是我们应该反省；如果是对方没有风度接受，那么就是他们的过失。

二、以其人之道还治其人之身

有位哲学家说过："人的眼睛看到的都是幻觉，而不是真相。"可是当他在街上遇到惊马时，却躲上了房顶。

人们想用他自身的行为来驳斥他自己的谬论。所以问他："你不是说人眼看到的都是幻觉吗？为什么还要躲上房去呢？"

发扬进攻精神，从他自身上找问题，这是对的。但是人们对他的狡诈性估计不足，没有注意到，在指出他躲上房去这一行为时，涉及我们自己的视觉。而按他的谬论，这视觉是幻觉，这就给了他可乘之机，让他得以自圆其说："你们看见我上房了吗？那是你们的幻觉。"

第一个回合没有驳倒他之后，我们要总结一下：进攻精神和找他自身的矛盾，这个方向是对的，要保持；但是不要涉及我们的视觉，而是要在他的视觉上找问题。另外，我们在以往的经验中可知，要注意对方话语中笼统概括一切的字眼。这往往是他的破绽之所在。他说："人的眼睛看到的都是幻觉。"这句话中"人"和"都"这两字都是这种字眼。"人"是指一切的人，就应包括这位哲学家在内。"都"是幻觉，那就是说从来没有看到过真相。想到这里，他的破绽显示出来了。我们可以问他：

"你是人吗？"

"这是什么话？我当然是人！"

"那你看到过真相吗？"

"没有。"他只能这样回答。否则他就自己否定了自己的幻觉说。

这时我们就可以进一步问他："既然谁都没有看到过真相，那你何以知道我们看到的都是与真相不同的幻觉呢？"

这位哲学家就很难再自圆其说了。这种辩论的方法，可以叫做"以子之矛攻子之盾"，也就是说用他自己的话来攻击他，揭示出他话中自相矛盾的地方，从而驳倒他。

这里有一点要注意：我们是可以用别的感觉来检验视觉结果和实物差异的。例如我们把一支筷子插入盛着半杯清水的玻璃杯里。从杯外看去，我们的眼睛会看到这支筷子不再是直线，而是折成一定角度的折线形状了。但是我们如果手伸进杯里去摸，我们的触觉就会告诉我们：筷子仍然是直的，没有折弯。

不过如果这位哲学家要想藉此类狡辩也是徒劳的。在这里我们只要澄清什么叫幻觉，什么叫真相，他就会被完全驳倒。

筷子在水中被看起来是折弯的，这并不能说明人们的眼睛看到的是幻觉，而且正好相反，我们看到的恰恰是水对光线产生折射这一事实的真相。

我们要注意：同一事物本质，在不同的周围环境中，在不同的其他事物的影响下，会表现出各种不同的现象来。这些现象是客观的真实的现象，而不是人的主观的幻觉。例如我们在显微镜的作用下，看到放大了许多倍的细菌，这也不能叫做幻觉，而应称之为真相。

三、怎样驳斥恶意的责问

在人际交往中，有些人往往以恶意的态度向别人提出责问。而对这种情况，如不予以驳斥，则助长了邪恶势力的蔓延。因此必须予以回驳，才能使他们认识自己行为的错误，从而改弦易辙。那么怎样驳斥恶意的责问呢？

（一）采用反问的方式驳斥

近代磁学的奠基人法拉第，他的发现为电的应用开辟了广阔的道路，所以很多地方都邀请他去作电磁应用理论演讲。一次，法拉第作完演讲后，一个资产阶级的贵妇人有意挖苦地指责说："教授，你讲的这些东西有什么用呢？"法拉第冷静地反驳道："夫人，你难道能预言刚生下的孩子有什么用处吗？"话音刚落，那位贵妇连忙悻悻地走开了。

法拉第就这样采用反问的方式驳斥了贵妇人的恶意嘲讽。不难看出，法拉第的反问融合了众所周知的常识，刚生下的孩子谁也无法预料他的未来，无疑一种新生的理论当然谁也无法预料它的巨大作用。正是这个反问，既讽刺了贵夫人的高度无知，又揭露了贵夫人的不良用心，因而产生了巨大的攻击力量。

（二）采用对比方式驳斥

在一次朗诵会上，马雅可夫斯基朗诵自己的新作后，立即有一个人责问道："马雅可夫斯基，你说你是一个集体主义者，可是你在诗里却总是'我''我'……这是为什么？"马雅可夫斯基当即驳斥道："尼古拉二世却不然，他讲话总是'我们''我们'……你认为他是一个集体主义者吗？"

显然，那个人以马雅可夫斯基诗中"我"作为根据来指责他不是一个集体主义者。然而马雅可夫斯基以常用"我们"字眼，然而是极端的个人主义者的尼古拉二世作为理论依据反驳，这就与那人指责的内容形成了一个鲜明的对比，从而深刻地阐述了是不是一个集体主义者，并不取决于使用"我"与"我们"的字眼，而是要看他的实际行动。这就彻底地驳倒了指责者责问的依据，所以其责问也就崩溃了。

（三）运用假言推理驳斥

一次，一位专门在细节问题上吹毛求疵的批评家批评马克·吐温说："你为什么撒谎？"面对这一毫无根据的无礼责问，马克·吐温说："如果你不会说谎，没有说谎的本事，那么就无法判断我说谎；只有在这方面有丰富经验的人，才这样明目张胆地武断指责。"

不难看出，马克·吐温的驳斥运用了两个假言推理，即一个充分条件假言推理，一个必要条件假言推理。虽然这两个推理责问的内容省略了小前提和结论，但仍然非常清楚明白。第一个推理动用了充分条件假言推理的否定后件式，即如果你不说谎，没有说谎的本事，那么就不可能判断我说谎，所以你会说谎，你有说谎的本事。第二个必要条件假言推理则用了肯定后件式，即只有撒谎经验的人，才会明目张胆地武断指责他人撒谎，你明目张胆地武断指责他人撒谎，所以你是有丰富撒谎经验的人。这两个假言推理前提真实，形式正确，互相印证，彻底揭露了责问者卑劣的灵魂，无情地驳斥了真正撒谎者的无理责问，因而显示了不可辩驳的逻辑力量。

（四）运用归谬法驳斥

王若飞同志在狱中的时候，一个反动法官极其恶毒地责问他说："马克思、列宁是外国人，你却大讲外国人的主义，这不是卖国吗？"面对敌人的诬蔑，王若飞同志从容不迫地驳斥道："法官先生，你简直太可笑了，可笑得令人齿净。你竟然无知到这种可怜程度，真是令人惊奇。我们讲一点普通的常识：马克思是德国犹太人，他在德国不能立足，曾在巴黎进行革命活动，后来又寄居英国伦敦。他在英国参加工人运动，英国工人阶级很欢迎他。照你的说法，英国工人阶级把自己的国家出卖给了马克思。列宁根据马克思主义的真理，在俄国建立了布尔什维克党，领导人民推翻了反动的沙皇统治，赶走了德国侵略者。难道列宁赶走了德国人，又把俄国卖给了德国人？法官先生，马克思主义是无产阶级革命真理，哪国需要就在哪里发展。谁也阻止不了。"不难看出，王若飞同志在这里运用了归谬法驳斥反动法官。王若飞同志运用的归谬法是：如果我在中国宣传马克思主义，照法官的说法是卖国的话，那马克思在英国参加工人运动，受到英国工人的欢迎，英国工人是卖国；列宁在俄国宣传马克思主义，并赶走了德国侵略者，列宁也是卖国，然而英国谁也没说英国工人卖国，俄国谁也没说列宁卖国，由此可见，我在中国宣传马克思主义根本不是卖国。由于王若飞同志运用了归谬法，既彻底暴露了反动法官指责内容的极其荒谬性，又彻底洗刷了反动法官所强加的罪名。

（五）故意曲解对方责问的内容进行驳斥

一次，普希金在舞会上邀请一贵妇人跳舞。贵妇人嫌普希金的个子太矮，于是轻蔑地嘲讽道："我怎么能与小孩子一块跳舞呢?"显然，这是对普希金的莫大侮辱。普希金故作轻松地回答道："对不起，我不知道你已怀孕了。"顿时，那贵妇人满脸通红。不难看出，普希金面对侮辱的责问，采取了故意曲解对方责问内容的方法，你嘲讽我为孩子，那么我就解释为你已怀了孩子作为回驳。因而普希金的回敬看似彬彬有礼，实则咄咄逼人，极富攻击力量，因而贵妇人怎会不脸红呢？

摆脱尴尬的技巧

一、调 笑

面对发难，不急也不恼，而是用机智幽默的语言和发难者调侃，引人发笑，使难堪消除。

应该指出，用这类方法要因时、因地、因人而异，关键是把握时机，看准对象。若碰到个无赖，用这种方法肯定遭殃。

二、顺 贬

这种方法对对方的发难先是默认并按照发难者的旨意付出些行动，只是到后来再用暗含陡然逆转意味的语言轻轻一点，顺理成章地在"褒扬"对方的幌子下使对方陷入跟自己相同甚至比自己更难堪的境地，从而使自己的难堪得以缓解或解脱。

张乐平有一幅出名的漫画《三毛叫妈》，画的是一个贵妇人牵着条哈巴狗碰见了三毛，那妇人调笑三毛说，只要三毛叫她的哈巴狗几声"爸"，她就给三毛30块大洋。这真是极大的人格侮辱，可是聪明的三毛很快就想出了一条妙计：他如数地叫了那狗几声"爸"，那女人在众目睽睽之下也只好如数把大洋给了三毛。三毛接过钱，不无感激地说："谢谢您，妈！"这一下，就使那原本高高在上的贵妇人陷入了比自己更难堪的窘境，而自己的机智、幽默又得以显露出来。

三、找借口，巧脱身

过失已出，难堪已成，如果需要脱身，可以提出某种假说，边说边行动。那假说是有意说给他人听，给自己脱身找到合理的借口。

且看《水浒》中鲁提辖（鲁达）拳打镇关西（郑屠）后巧脱身一段。那郑屠鼻子、眉梢、太阳穴各挨过一拳后，"鲁达看时，只见郑屠挺在地上，口里只有出的气，没了入的气，动弹不得。鲁提辖假意道：'你这厮诈死，洒家再打！'只见面皮渐渐地变了，鲁提辖寻思道：'俺只指望痛打这厮一顿，不想三拳真个打死他。洒家须吃官司，又没人送饭，不如及早撒开。'拔腿便走，回头指着郑屠说：'你诈死，洒家和你慢慢理会！'一头骂，一头大踏步走了。"这里，鲁提辖明明知道郑屠被他打死了，可他还偏偏说郑屠是"诈死"，这完全是为了造成一种假象，说明郑屠没死。他说"洒家和你慢慢理会"也是为了唬住众人，说明自己现在还有事，没时间再耽搁，以后再算账。其实这两种情况都是假的，只不过是给自己脱身找到合理的借口而已。

四、再说明，巧释义

话没说好，出了难堪，又必须立即改正，可以靠机辩和才智把话再加以补充说明或者再巧妙地阐释一下话的特定含义，使其具有极大的合理性和可接受性。

五、巧　释

巧释法除了具有反驳的功能外，还能够帮助自己解脱窘境，请看下面的例子：

某大学一次智力竞赛抢答会上，主持人问："'三纲五常'中的'三纲'指的什么？"一个女学生抢答道："臣为君纲，子为父纲，妻为夫纲。"她恰好把三者说颠倒了，引起了哄堂大笑。这位女学生意识到这一点后，立刻补充道："笑什么，我说的是'新三纲'。"主持人问："何为'新三纲'?"她说："现在，我国人民当家做主，是主人。而领导者不管多大，都是人民的公仆，岂不是臣为君纲吗？当前，独生子女非常多，这孩子成了父母的小皇帝，这岂不是子为父纲吗？现在，许多家庭中，妻子的权力远远超过了丈夫，'妻管严''模范丈夫'，比比皆是，岂不是妻为夫纲吗？"

好一个"新三纲"！她的话音刚落，大家为这位同学的应变能力热烈鼓掌。

这个女学生可能由于紧张，把"三纲"答错了，但是，她后来对自己"新三纲"的注释是非常巧妙的，使她不但摆脱了窘境，而且赢得了听众。

在一些场合，对一个平常的问题做出不平常的解释，或语言巧妙，或视角独特，往往能收到出人意料的效果。如以下例：

南唐时，关税繁重。有一次，南唐皇帝烈祖在北苑设宴，席间问群臣："外境皆雨，都城独无，什么原因呢？"一个叫申渐高的答道："雨不敢入城，惧怕抽税吧。"烈祖大笑，免除了不合理的关税。

巧释，是依靠机智和勇气进行智辩的方法，它不仅被应用到正式的论辩场合，而且更多地被人们在日常生活中所运用。因为它的喜剧成分能够创造一种轻松、和谐的气氛。

第五章
校园学习革命

了解自己的学习类型

一、测定你的学习类型

测定学习类型通常有大约 20 种不同的方法。来自纽约圣约翰大学的肯·邓恩和丽塔·邓恩教授的研究提供了最全面的典范之一。他们还提供了一份调查表，任何人填完后就能获得一份计算机打印的学习类型分析报告。但是总的来说，你的学习类型是以下几个因素的综合：

你怎样最容易发觉信息——你主要是一个视觉的、听觉的、动觉的还是触觉的学习者；你是通过看、听、运动还是触摸学习得最好。

在邓恩夫妇的调查中，他们揭示了：

＊仅有 30% 的学生记得其在标准的课堂时间所听到的东西的 75%。

＊40% 的人记得四分之三他们读到或看到的东西。这些视觉的学习者有两类：一些人以语词的形式处理信息；而另一些人以图表或图片的形式保留他们所看到的东西。

＊15% 的人通过触觉学习得最好。他们需要触摸物质，写、画以及参与具体的经验。

＊另外 15% 的人是动觉学习者。通过身体来做能使他们学习得最好——通过参与通常能直接运用于他们生活的经历。

根据邓恩夫妇所说，我们每一个人通常都有一个主要的能力，还有一个次要的。在一个课堂或者研究班里，如果我们主要的知觉力不适应教学方法，我们也许会有学习上的困难，除非我们能用我们次要的知觉力弥补。

根据我们的经验，动觉和触觉的学习者是在传统学校的课堂里失败的主要人选。他们需要运动，需要感觉，需要触摸，需要做——而如果教学方法不允许他们这样做，他们就会感到被排挤、被遗忘以及乏味无趣。

你是如何组织和加工信息的——主要是左脑还是右脑，"分析的"还是"综合的"。在感觉中运用"综合"，表明你更是一个"粗略"的人而不是一个系统的思考者。

左脑能力强的人以逻辑的方式吸收信息——如果它以逻辑或线性顺序的方式出现，那么他们能够很容易地吸收它。

右脑占主要地位的人通常喜欢先吸收大的整体的描述，他们非常适应于包含了形象、想象、音乐、艺术和直觉的描述。

如果你能把大脑两半的力量联结起来，并把它们与"七种智力中心"联结起来，很显然，你就能更有效地吸收和加工信息。

帮助你吸收和储存信息的条件中什么条件是必需的——情感的、社会的、物质的以及环境的。

物质环境显然会影响学习。声音、光线、温度、座位以及身体的姿势都很重要。

人们还有不同的情感上的需求。情感在学习中起着至关重要的作用。在许多方面，它都是大脑记忆系统的关键。任何表述的情感内涵对于学习者如何尽快地吸收信息和思想都有很重要的作用。

人们还有不同的社会需求。一些人喜欢独自一个人学习，另一些人喜欢与一个合作者一起学习，还有一些人喜欢在群体中学习工作。一些孩子想有一个成人在场，或者只愿意与成人一起工作。邓恩夫妇认为大多数在学习上未能发挥潜能的学生都与同伴的影响有关。

吃饭的时间、白天的能量水平、对运动性的需求也能影响学习的能力。

举例来说，当你饥饿的时候，试试看学习。这对我们大多数人来说是困难的。有些人需要不停地吃东西。

一些人是早晨的人，另一些是夜猫子。邓恩夫妇发现当学生们的上课时间与他们自己的"生物钟"一致时，他们学习得更加出色。重要的是，他们发现大多数大学和中学的学生不是早晨的人。"在我们测试的超过100万的学生中，只有大约三分之一的学生愿意在早晨学习。"他们报道说，"大多数人愿意在上午或下午学习。事实上，许多人直到上午10点钟才开始有能力集中精力处理困难的材料。"对于白天的学习，邓恩夫妇建议从上午10点到下午3点。但是谁说中学不应该为那些夜猫子开设晚间课程？

邓恩夫妇强调，"触觉－动觉学习者"在传统的学校中面临的学习困难最多。他们经常退学，因为他们无法集中精力一个又一个小时地坐着。而坚持下去的那些人经常"陷入困境"或者被暂令退学。其他人则常常被不幸地归入"有学习障碍的人"或者被送进"特殊教育"班级——在那里他们做着更多同样的事情：大量的课堂作业，不论他们真实的能力和学习类型如何。

我们所见过的最好的学习环境能适应各种各样的智力品质和各种各样的学习类型。但特别是许多高中似乎只是适应语言和逻辑型的学习者。并不奇怪的是，许多参与学校行政管理的人自己是数理逻辑和语言能力方面成就很高的人——所以对他们来说，那种类型的环境看起来自然是最好的了。

二、如何确定你所偏向的学习类型

同样的，一个简单的方式是询问。一个关于学习类型及其倾向方面的简单的询问和讨论，常常是打破教师和学生之间障碍的最简单的方法之一。你也可以通过听一个人的谈话来辨别出他所偏向的类型。

向一个视觉型学习者问路，他会倾向于画一张地图。如果他领会了一个原本困难的问题，他会说："我明白你的意思。"如果在餐厅里为他读菜单，那么他一定会自己看一下它。如果为他买礼物，那么买一本书不会太错——但是要调查一下，看他是喜欢精美的印刷品还是喜欢图片。如果是后者，那么他也许更喜欢一盘录像带。大多数视觉学习者，但不是所有的人，倾向于有条有理、整洁和讲究衣着。

一个听觉学习者通常对读一本书或一本指导手册不感兴趣。他必须询问信息。他买一辆车不是因为它的外表——他买它是因为它的立体声系统。在飞机上，他会立即与他的新邻居开始交谈。当他领会了新的信息，他会说诸如"我听懂了你说的意思"之类的话。如果你要给他买礼物，那么买一个录音机，而不要买一本书。

一个动觉、触觉的学习者总是想不停地运动。如果他偶然遇见你，他会毫不顾虑地拥抱你。当他理解了一条新原则，他会说："它感觉不错。"给他的礼物：一台便携式电脑如何？

学校、公司和家长应该对工作和学习类型安排更多精确的分析。用邓恩模式测试，举例来说，可以通过在纽约圣约翰大学运作的学习类型网络来进行。学校可以从网络的题库里获得试题，那个题库涵盖了确定学习模式的所有因素。当学生完成了各自的试题后，这些试题就会被送回网络用计算机输出，详细地说明每一个人所偏向的学习环境和学习方法。

三、四种思维类型

我们不仅有有所偏向的工作和学习类型，我们还有有所偏向的思维类型。安东尼·格里高里，康涅狄格州大学的课程和教学教授，把它们分为四组：具体而有序的、具体而随机的、抽象而随机的、抽象而有序的。

（一）具体而有序的思维者是以现实为基础的

他们以有条理的、有序的、线性的方式加工信息。对他们来说，"现实是由他们通过视觉、触觉、听觉、味觉和嗅觉所能感觉到的东西组成的。他们能够很容易地发现并回忆起细节，轻松地记住具体的信息、公式和规则。对这些人来说，'亲自动手'是一个很好的学习方式。"如果你是具体而有序的思维者，那么依靠你的组织能力，为你自己提供一些细节，把你的方案拆成几个具体的步骤，营造一个安静的工作环境。

（二）具体而随机的思维者是实验者

迪波特说："像具体而有序的思维者一样，他们以现实为基础，但是更愿意采取试错法。因此他们经常有直觉的跳跃，这对于真正有创造性的想法是十分必要的。他们有强烈的发现、选择并按自己的方式行动的需要。"如果你是一个具体而随机的思维者，那么运用你的分散思维能力。相信从不止一个角度看事物会很有用。使自己有解决问题的能力，但要给自己最后期限，接受你要求变化的需要。

（三）抽象而随机的思维者通过深思组织信息，并能在自由的、注重人的环境中更好地发展

迪波特说："对于抽象而随机的思维者来说，'真正的'世界是感觉和情绪的世界。他们的头脑通过深思来吸收和组织思想、信息和观念。如果信息是拟人化的，他们记得最牢。当他们处于一个组织严密的环境中时，他们会感到受压抑。"如果你是一个抽象而随机的思维者，那么运用你天生的与别人合作的能力，清楚地认识到强烈的情绪是如何影响你的注意力的。通过合作发展你的学习能力。先看一下总的情况，注意要允许有足够的时间来完成工作。提醒你自己通过大量可见的提示来做事，例如把彩色的标签贴在你能看见的地方。

（四）抽象而有序的思维者喜爱理论和抽象思维的世界

他们喜欢用概念思维并且分析信息。他们可以成为伟大的哲学家和研究科学的人。同样，迪波特说："对他们来说，他们很容易把注意力放在重要的东西上，例如关键点和重要的细节。他们的思维加工是逻辑的、理性的、理智的。抽象而有序的人所偏爱的活动是阅读，当有一个项目需要研究时，他们会一丝不苟地做。通常，他们喜欢单独工作，而不是在群体里。"如果你是一个抽象而有序的思维者，给你自己一些逻辑方面的练习，增进你的智力，把你自己引向高度结构化的环境。

提高学习效率的方法

美国前奥林匹克五项全能运动运动员玛丽琳·金说，所有宇航员、奥林匹克运动员和公司经理都有三个共同点：

"他们有着对他们来说真正重要的事情，有着他们真正想做的事情或成就的目标。我们称之为热情。"

"他们能真正清楚地看到目标，并且'怎样实现目标'的景象会魔术般地开始出现。当目标还遥不可及时，他们会想象着做通向目标之路上所有细小的步骤。我们称之为远见。"

"最后，他们的每天工作都按照计划，这将使他们距离梦想更近了一步。我们称之为行动。"

"热情 + 远见 + 行动 = 成功。"

玛丽琳·金开办了许多课程和讲习班，给公司经理们讲授"奥林匹克思维方法"。她还在她的家乡加州奥克兰市进行了一项"敢于想象"计划，将同样的技巧传授给有发生问题之虞的年轻人。

因此，你怎样才能将同样的准则运用于你想成就和学习的其他事情中呢？你怎样才能做得更快、更好、更轻松呢？

一、首先从概貌开始

向拼板玩具销售商学习。如果你开始将一个有 1 万块拼板的大型拼板玩具逐块拼起来，你得花上几年时间才能完成。但是，如果你看了包装上整个图画，你就会正确地知道你在拼什么图案，这样就更容易将每一块拼到该拼的地方。

我们十分惊讶，教育体制总是忽视常识。一个个科目被分开教学，教的通常只是一个个小的部分，学生根本不知道所学内容的概貌。

许多传统的学校仍然通过历时几个月的课本讲座来介绍科目，教你不慌不忙地阅读每一章节——每周一次——从来没有"总的概貌"。太没有效率了。

试试这个简单的试验。下一次当你计划任何事情时，找出最简单的概貌。如果你游览一座新的城市，你就预先获取一些彩色旅游小册子。这些小册子会向你指明几个最重要的地方。或者，去公共图书馆找出百科全书中有关该地的概要，然后将它复印。这样你有了概貌图画后，就可以构筑起细节。你会知道这些细节将放到什么地方。记住这个拼板玩具吧。

二、多问

路德亚德·吉卜林说："我有六个诚实的仆人，它们教给了我一切。它们的名字是：what、why、when、how、where、who。"

Ask（问），是学习者字典中最好的三个字母。永远不要害怕问，永远不要害怕问你所能找到的最好的专家——即使你以前从不认识他们。

我们希望，不久我们每个人都有一个与国际数据库相连的家庭电脑/视频终端。但是即使到那个时候，你还得索取你想要的信息。因此，还是从现在开始吧。

就从公共图书馆开始。图书馆并不仅仅是书的中心，它是学习的源泉。图书管理员受过专门训练，是来帮助你的。在你去图书馆之前先给他们打个电话，告诉他们你想做的具体事情，向他们要初学者指南，然后依靠总体概要查找书籍。但是，你得进一步具体化。如果你是商业经理，计划出访，就向图书管理员要一些关于出访国家及其商业、文化和你涉及工业的简单指南。

如果你乐于通过阅读学习，那个总体概要就可能是一本书、一本小册子或一篇文章。如果你擅长于通过视觉学习，就找录像带或者至少找一本有大量彩色插图和图表的书。如果你擅长于通过听觉学习，就借些录音磁带，在你汽车里放。

但不要停留在图书馆。找一位大学里的人，他正在研究你感兴趣的领域。问最好教授的名字——对该领域概述得最好的人，然后打电话给他。

或者打电话给大学图书馆、距离最近的研究所、最好的贸易公司。不要害怕去见领导，至少可以问人事经理或负责员工培训与发展的人，并索要公司最有帮助的简单介绍物。

如果你想了解别的国家，你就打电话到该国大使馆或领事馆，或者贸易机构和旅行机构，或者一家主要的公司。

想了解无线电，你就给电台打电话，问你是否可以被邀请旁观一次录音。如果你是个学生并想在某个特定领域开始工作，就给最好的公司打电话，问你是否可以进去，在假期里无偿工作一个星期。

事实上，应当使问成为习惯。这也许是可以从新闻业学到的最简单的东西。所有信息每天是怎样登上报纸、上电视和广播的？是通过新闻记者打电话给"消息来源"，其他所有的人都有同样的权利。人们通常都喜欢帮助别人，喜欢被别人问及自己的专长。

三、重新学习怎样阅读——更快、更好、更轻松地读

令人吃惊的是，很少有人知道怎样正确地阅读。我们并非在谈论每分钟能读几千字的超级阅读技巧。

让我们从两个问题开始：你觉得你能经常每天读四本书并能吸收其要点吗？你这个星期读过报纸吗？如果你对第一个问题回答"不"，第二个问题回答"是"，那么再想想，如果你读任何城市的一份报纸，你的阅读量就至少相当于四本书。

那么，你是怎样读报的呢？你只读你感兴趣的那些内容。你怎么知道什

么是你感兴趣的呢？因为报纸分成几个部分，如果你对体育感兴趣，你就只读体育部分。但是，即使这样，你也不会读每一则体育新闻和每一篇商业文章。报纸的标题已经将要点突出出来了，方便你进行选择，甚至报纸的写作风格也便于你找出要点。在每个标题之后，你通常会在第一段落找到简略的要点。因此，你可以或读概述或读整则新闻。

一份报纸有一半多是广告，但你不会读每则广告。广告商用标题和图片吸引你的注意力。因此，即使你想买一幢房子，你也不会将售房广告的版面通读一遍。你会挑选那些你偏爱的郊区房子，地名是以字母顺序排列的。

非常简单，你已经破译了报纸的密码。你知道了报纸的模式，你知道每天怎样浏览报纸了。因此，你已经知道了怎样浏览四本书或者任何其他印刷品。秘诀在于解开它们的密码，在于找出每个出版物的模式。例如，司法记者知道书面判决的标准格式，法官一般会复述案情和长达数页的辩论要点，然后在最后一段中才宣布对他（或她）的判决。因此，记者们从来不从前面开始阅读法庭判决书，他们从最后一页——通常是最后一段开始读，因为他们读判决书是为了报道裁决结果。

这样的原则同样适用于所有非小说类作品。首先问你自己：我为什么读这部作品？我想从中得到些什么？我想从中学到什么新的信息？然后就找出该书的模式。

差不多每一部非小说类作品都会在序言中阐明主要目的——就像本书所做的这样。这就告诉你，这本书是否能提供你想要的答案，然后你必须决定你是否有必要阅读每一章节。你几乎肯定会对有关问题具备一定的基本知识，想使这方面的知识得到充实。因此，你没有必要阅读所有的内容，除非你想加强对原有知识的记忆。

一般来说，非小说类作品作者写书就像演讲那样：序言"告诉人们你将要讲述的内容，然后你就讲述，最后简要地概述一下"。每个章节通常也是用相似的方式写成的：章节的题目和第一段落或开头几个段落点明主题，整个章节将其扩展，最后会以概述作结。如果一本书有小标题，这些小标题同样会有帮助作用。

许多书还有其他线索。有彩色图画的，就只要浏览一下图画和图片说明。汤姆·彼得斯《在混乱中繁荣》一书就在每章开始将每章的内容简要地概述一下。你正在读的这本书，也每隔一页就有突出的要点和引语。

简言之，就像读菜谱书那样阅读每一部非小说类书籍。如果你想今晚烧猪肉炒面，你不会读《中国烹调菜谱1000例》的每一页，你只读你需要了解的内容。单单这一提示就会帮助你在浏览一份报纸所需的等量时间里读四本书。

另一提示：不要"慢条斯理、不慌不忙"地读。马上往窗外看一下，然后想一下你大脑能马上吸收所有这些信息的神奇能力。记住你每只眼睛中都有1.3亿个光接收器，记住这些光接收器具有将那些景象闪现给你视觉皮层的神奇能力。这就是你大脑能"拍摄"整个图像的整体能力。学会使用这一能力吧。

即使是你觉得需要阅读的那些内容，也会包含着许多可以被速读的信息。记住你的目的和你正在寻找的主要答案。譬如说，学校教师、商业经理和行将退休的人也许会因不同的原因读这本书。

因此，学会浏览，得到你想要的要点。从一只手拿着这本书开始，将书放到你眼睛能看到整页文字、足够远的地方（一般来说是60厘米左右的距离）；用你另一只手的食指或一支圆珠笔，试着将你的食指或圆珠笔沿着书页中间很快地下行，你的眼睛只看着你手指或笔尖的上方，沿着手指或笔尖下移。如果你知道你要寻找什么特定内容，你会对你吸收内容的能力感到吃惊。

这并不仅仅是快速阅读，这是略读和选择性阅读。如果你在寻找主要的原则，那么略读也许就足够了。如果你在寻找具体的信息和引文用到报告、文章，你需要停下来，把它们记下。如果你拥有这本书，你就把它当做动态资源来用，用显著的记号将重要信息标出。如果书不是你的，就写下页码。重新翻回这些书页时，把要点写下来或打印出来。写或打字的身体动作有助于将要点牢牢地印入你大脑的记忆之中——这是通过触觉和视觉学习。更好的是，用记号标出重要信息，当你以后想回忆信息时，会易于恢复记忆。

四、唤回记忆的简便方法

由于大脑是以分类和关联的方式存储信息的，脑图也以同样的方式将信息记录，因而，就应使用同样的方式唤回记忆。

这里还有一些有关大脑的知识，就会派上用场。你的大脑既有短期记忆，又有长期记忆。这是值得庆幸的。你走到十字路口，交通信号灯变红，你就停下来；灯变绿，你就行走。你的长期记忆已保存了有关交通信号灯的规则。但你的短期记忆没有必要记住那数千次遇红灯停下来不走的情形。

你怎样存储并找回你需要长期使用的信息呢？部分是通过分类和联想。

画脑图，只不过是一种方法。另一种方法，就是运用你所有的智力中心，包括那些涉及节奏、韵律、重复和音乐的智力中心。你没有必要花几个小时进行枯燥的死记硬背。正因为你已经读了这本书、标出了关键语句和小标题并将要点画了脑图，我们建议你一读完本书就做两件事。

1. 马上再浏览你标出的要点。

2. 再画你的脑图。这也会帮助你以分类和联想的方式将你所学的主要内容连接起来。几乎可以肯定，如果你不熟悉画脑图，你会发现很难用一个词表示一个要点。但试着这样做，这是非常重要的。

然后，就在今天晚上，在你睡觉前不久，放些轻松的音乐，再看一下你的脑图。努力想想你已学的主要内容，尽量将它们形象化。想想各种各样的关联，因为在入睡前几乎出神的状态是学习过程一个重要的部分。

五、学习放松性警觉的艺术

到现在为止，我们概述的大部分内容是属于逻辑性的，是"左脑"活动。但为了利用你右脑和潜意识的惊人力量，高效学习的真正钥匙可以概括为放松性警觉。这种放松的心态是你每次开始学习时必须具备的。

　　我们已经提到过脑电波。现在让我们来用脑电波。你的大脑像电视台或电台那样，在四个主要频率或电波上运作，我们可以用电子脑电图仪将它们测量到。

　　如果你当时清醒并十分警觉，或者如果你正在交谈、作报告或正在做一道有关的逻辑题，你的大脑很可能会以 13 ～ 25 周/秒的速度"传送"和"接收"信息。有人将它叫做 β 波。

　　但那不是刺激长期记忆的最好状态。你学习的大多数主要信息将被存储进潜意识之中。许多研究人员和教师相信，人们可以通过潜意识很好地学习大量信息。最适于与潜意识的脑电波活动是以 8 ～ 13 周/秒速度进行的，那就是 α 波。

　　英国快速学习革新家科林·罗斯说："这种脑电波以放松和沉思为特征，是你在其中幻想、施展想象力的大脑状态。它是一种放松性警觉状态，能促进灵感、加快资料收集、增强记忆。α 波让你进入潜意识，而且由于你的自我意象主要在你的潜意识之中，因而它是进入潜意识唯一有效的途径。"

　　当你开始更感睡意蒙眬时——介于全醒与全睡之间的过渡区域——你的脑电波就变成以 4 ～ 8 周/秒的速度运动，即 θ 波。

　　当你完全进入深睡时，你的大脑就以 0.5 ～ 4 周/秒的速度运动，即 δ 波。你的呼吸深入、心跳放慢、血压和体温下降。

　　所有这一切对学习和记忆有什么影响呢？泰丽·怀勒·韦伯指出，β 波——很快的脑电波——"对我们度过白天很有好处，但抑制了我们进入大脑更深层面。在 α、θ 波类型中可以进入更深的层面，这两种脑电波以放松、注意力集中和舒适等主观感受为特征。就是在 α、θ 波状态下，非凡的记忆力、高度专注和不同寻常的创造力都可以取得。"

　　你怎样取得那种状态呢？数以千计的人通过每天的静心或放松性活动、特别是深呼吸来取得。但是，越来越多的教师确信，几种音乐能更快、更容易地取得这些效果。韦伯指出："某些类型的音乐节奏有助于放松身体、安抚呼吸、平静 β 波震颤，并引发极易于进行新信息学习的、舒缓的放松性警觉状态。"

当然，正如电视和电台广告每天证实的那样，当音乐配以文字，许多种音乐能帮助你记住信息内容。但是研究人员现在已经发现，一些巴洛克音乐是快速提高学习的理想音乐，一部分原因是因为巴洛克音乐每分钟 60～70 拍的节奏与 α 脑电波一致。

技巧丰富的教师现在将这种音乐用作所有快速学习教学的一个重要组成部分。但对于自学者来说，眼前的意义是显而易见的，即当你晚上想要复习学习内容时，放恰当的音乐就会极大地增强你的回忆能力。

其中部分原因在于：当你即将入睡时你的大脑在极为有效地工作着。有人称之为 REM 睡眠，REM 是快速眼球活动的缩略。而且脑电图仪将原因告诉了你：仿佛你的大脑——甚至和你的身体一起——在用它的视觉皮层将白天的主要事件一幕幕地快速拍摄下来。

许多研究人员认为，在这种状态中，大脑在检索新的信息，并将它存储进恰当的记忆库。你重温脑图、回忆白天主要内容时所出现的平静、放松状态，打开了通向潜意识记忆库的大门。

这也解释了人为什么做梦：你的潜意识在唤回旧记忆，以核对新信息。如果你正在考虑一个问题，你的潜意识就会挑选一些可供选择的解决方案。

α 波也适合于开始每一次新的学习。很简单，在开始前，你当然得理清思路。将办公室的问题带到高尔夫球场上，你就打不好球，会心不在焉。学习也是如此。从高中语文课马上转上数学课，这会难于"换挡"。但是花一会儿时间做做深呼吸运动，你就会开始放松。放一些轻松的音乐，闭上眼睛，想想你能想象到的最宁静的景象——你很快会进入放松性警觉状态，这一状态会更易于使信息"飘进"长期记忆之中。

六、使用关联工具和"记忆钩"

由于通过关联才记得最牢，因此你得发展你自己的"记忆钩"。将新学习的知识与已经知道的内容联系起来。

关联可以是身体上的，可以是形象化的，也可以是强烈形象化的故事，又可以是富有韵律和视觉的，还可以是使用词首字母缩略法。

但不管你用哪一种关联方法，尽量使其稀奇古怪、令人发笑并最好富有感情色彩，因为大脑中将信息转换成长期记忆的"过滤器"与大脑的情感中心紧密相连。将你的关联与尽可能多的感觉联系起来，比如与视觉、听觉、嗅觉、触觉和味觉联系起来。

七、好为人师

"一个人教一个人"，这是加州大脑研究专家玛丽安·黛尔蒙德为20世纪90年代推荐的主题。

"我要介绍一个概念，"她说，"每个人都可以通过学习成为一名教师。每个人都得像教师那样对材料力求精确，但对未来新的发展方向充满想象力和创造性观点。正因为我们了解了事实，我们可以转向别人，与别人共享，这样'联系皮层'就能创造新的观点。"

黛尔蒙德认为，即使是幼儿园的儿童也能通过学习成为教师。她问："为什么还要再花12～15年仅仅为了被别人教呢？一个人在上学第一天学到的东西，不仅可以与其他同学分享，也可以与父母分享。"

不管你年龄多大，要总结学习内容的精华几乎没有更好的方法，而将原则教给别人、作演讲或开办研讨班则是更好的方法。

如何成为学习高手

一、最佳读书心理

在大学时代主要的任务是读书学习，博览前人积累的科学文化知识。读书时由于心理状态的不同，会产生不同的效果。大学生要提高读书效果，就必须了解、保持最佳读书心态。最佳读书心态有以下几种：

（一）平静的心态

把一切得失烦恼统统排除在外，使心境平静如一泓秋水，洁白如玉。

（二）乐观的心情

把读书看做一种高尚的娱乐，一种崇高的精神享受，而不是把读书当做任务去完成，带着压力读书。

（三）敞开的心扉

虚心好学、永不自满是读书时能进入书中品尝知识的乐趣，理解知识、记忆知识的成功要诀。

（四）求知的心欲

求知欲是读书活动的驱动力，会使人爱不释卷，倦不觉累，自由自在地在书海中轻舟遨游。

（五）安静的心绪

读书时不能有紊乱的心绪，一定要心平气和，循序渐进，切不可急躁紧张，急于求成。

（六）明确的心志

读书一定要有目标、有追求，明确读书要解决的问题，不可盲目滥读，也不能朝秦暮楚，见异思迁，要讲求读书的目的性。

（七）专一的心力

读书要精力集中，充分调动大脑的功能，活跃思维，使大脑形成一个兴奋中心，不要心力分散。

（八）畅通的思路

读书解题，要思路畅通，注意多角度、分层次地思考问题，不钻牛角尖，不进死胡同，避免出现"高原现象"。

（九）好胜的心理

求知读书，以获取知识为目的，要有争强好胜的心理，不满足书中的结论，不固守书上的原理，要具有开拓、探索精神和举一反三的能力。

（十）攻关的心态

带着重点、难点、疑点读书，具有攻坚精神，不要绕开问题读书。

以上十种读书心态是常见的最佳读书状态。在学习过程中，每个人要根据自己的特点，注意它的综合性，不可单打一，不能有随意性。

二、合理安排学习时间

时间最公正，每天给予每人 24 小时；时间又最无情，稍纵即逝，不可挽回。科学利用时间也是生命的延长，知识的增长。据心理学家调查，有十种浪费时间的表现：①胡思乱想；②坐立不安；③东寻西找；④勤去厨厕；⑤读书写信；⑥胡写乱画；⑦电视吸引；⑧抓耳挠腮；⑨闭目打盹；⑩别人干扰。为了有效地杜绝上述浪费时间现象，必须仔细地"查找"其原因，并针锋相对地进行"矫治"。

作为大学生，如何科学安排自己的时间呢？基本原则是：①做好时间计划，提高学习时间的效率；②利用好空闲时间，杜绝时间浪费；③事事抓住今天，不要把今天的事拖到明天去办；④进行时间统计，检验自己的时间花得是否合理。

具体的方法可以概括为："三随""三定""两挤"。这是多年来大学生在学习过程中科学安排时间的经验，供在校大学生参考。

（一）随课表安排时间

就是根据课程表合理安排自己预习、上课、复习、图书馆学习等活动，使学习有序进行。在我国，学校根据学生的特点和专业特点对每学期学生所学课程和上课时数都作总的安排。学生可以在每学期开学之际，按照课程表和自己的情况，计算出完成所有规定的学习任务共需花费多少时间，比较学习各个环节所需时间的多少、效率等，统筹合理安排各门课程在各个环节上所需时间。

（二）随作息安排时间

就是将自己一天的学习、工作、娱乐、休息、睡眠时间科学安排下来，严格执行，养成科学运用时间、科学运筹时间的良好习惯。人能够养成有规律的生活习惯，就是采用严格按作息制度办事的利用时间的办法。许多科学家和成功者都订有自己的作息时间表。

（三）随制度安排时间

学校制度是保证学生学习，保证学校正常教学秩序、生活秩序的规范，是经过多年实践制定的，具有一定的科学性。学生要科学地安排时间，就要考虑到学校制度的规定、要求，不能有与学校制度相违背的时间安排。这样才能使时间安排既有科学性，又符合校规校纪的要求。

（四）"三定"

就是要对重点课程、课程的重点、难点确立固定时间进行攻读学习；固定时间锻炼身体；对特定时间固定安排。如每天早晨六点到六点半，下午四点半到五点安排锻炼身体等，使自己的学习生活有规律地良性循环，使自己的功课有目的地提高质量。

（五）"两挤"

指充分利用、科学安排零散时间，从而达到节约时间。零散的时间可以用来做些小事、杂事，如记外语单词、看小册等。在校学习的生活中，还是有很多零散时间可以利用的，这就要求在科学安排整天时间外，还要善于安排零散时间，具有钉子精神。

三、最佳思考七步法

（一）不怀偏见

就是说人们在观察事物或听到一个新的见解时，不本能地去固执己见，不受书本理论知识的束缚，不固守权威的说法，要察其规律，听其灼见，知其真谛，发现新知，以防陷入思考问题困境。

（二）巨细无遗

就是在思考解决问题之前，要从多角度、多细节、多因素来思考，凡是与此问题有关的定义、原理、原则、方法等都要重新加以思考，而且要前后纵横交错，反复仔细思考每一环节和细小问题，以得出解决问题的最佳途径和最优方法。

（三）慎防逆推

就是倒逆思考，反向思维，即把自己已知或预想到的结果作为前因，由后向前推理，再验证结果，或做出另外的科学选择。例如，已知 A 等于 B 等于 C，求证 A 等于 D 时，我们可以从 A 等于 D 开始思考，考虑 A 等于 D 需要什么条件，这些条件成立又需要什么因素……最后得出 A 等于 B 等于 C 时就等于 D 的已知条件。

（四）目的明确

做事要有明确的目的，学习要有目标，围绕目的和要解决的问题进行集中思考，以防思考力的分散。

（五）重点优先

在遇到众多问题需要思考、需要解决时，要抓住重点进行优先思考。首先解决重点问题，以重点带动非重点，使学习主次分明。这样，既能保证重要任务的完成，又能避免杂乱无章，胡思乱想，一无所获。

（六）博采广选

凡遇到问题，尽可能博采更多的解决方法，然后进行比较、辨别、判断，从中选出最优方法，以求问题的快速解决。

（七）设身处地

就是设想自己处在别人的境地思考问题。既要全心思投入，又要超越自身，多替别人思考。这种思考法使人将心比心，打破僵局，比较容易找到解决问题的方法。

以上七步思考相互影响，相互渗透。大学生在运用时，不要单独采用一步，而要多层多维地思考。学生对知识的巩固复习，应当争取在遗忘之前进行，这样记忆的效果可以大幅度提高。什么时候组织第一次复习好呢？以上课学习的学生为例，在一节课的最后几分钟将本节课学习的内容归纳整理成几点回忆一遍，这是最有效的第一次复习。如果这时教师能把课的内容重复一次，就等于帮助学生进行了第一次复习。

需要复习多少遍才能巩固记住呢？这与材料的简繁、个人的记忆特征有关。但总的来说再次复习的时间，开始间隔短些，往后可间隔长些。比如上午学过的内容，下午或晚上再复习一遍，然后隔三天重复一次，到单元复习时再重复一次。总复习时再来一次。英语学习中的循环记忆法就是根据这一原理帮助学生每天记住 200 个单词。为了保持有节奏的复习，同学们可列一个日程表，每天把复习的内容事先列出来，这样平时就能积累大量知识，免得考前穷于应付。

德国心理学家略泽尔以准备复习七天就参加考试为例，提出七天中复习的计划是头一天复习两遍、第二天复习一遍、第三天不应复习，第四天再复习一遍，然后空两天到第七天复习最后一遍。

只要科学地安排复习时间，及时进行复习，花费在复习上的时间是不多的，因为遗忘前复习使你每次都能轻而易举地记住复习的内容，真可谓是事半功倍。相反，倘若你要等到遗忘后再复习，等于吃"夹生饭"，所花的时间几乎等于重新学习，那就是事倍功半了。

四、提高听课效率

课堂学习是大学的基本学习方式之一，而且大学课堂教学授课速度快、内容多。所以提高大学生的听课效率，对大学生取得优异的成绩至关重要。一般来讲，听课包括：预习、听课、复习三个环节。要提高听课效率，应当注意掌握以下几点：

（一）搞好课前预习

粗略地了解一下教师上课要讲的内容重点和难点，带着预习中遇到的问题听课，针对性强，印象深，收益大。从整个学习过程看，长期坚持预习，善于预习，可以提高自学能力和独立思考能力，提高发现问题的能力。

（二）集中精力听课

精力不集中，等于没有听。精力集中就要排除与课程无关的思绪，专心致志听课，力争当堂内容当堂消化，这样才能提高听课效率。

（三）勤于思考

这是指课堂上要跟着教师授课思路，开动脑筋，积极思考，搞清重点、难点，及时记下疑点，以便请教老师。

（四）勤于动手

手脑并用是提高听课效率的重要方法。在用耳听课、用脑思考的同时，还要动手作课堂笔记。笔记是思维的记录，是大脑记忆和理解的补充，"好记性赶不上烂笔头"就是这个道理。笔记是帮助理解、帮助记忆的好方法，也是课后复习的必要准备。大学生在听课期间一定要作好笔记，尽量把重点、要点、难点、疑点记在笔记上，切不可懒于动手。

（五）不作无关之举

在课堂就要严格课堂纪律，坐姿端正，双目专视，专心听讲，不做与课堂内容无关的动作。

（六）课后及时复习，整理笔记

这样既能深化课堂教学的内容，巩固所学的知识，又为下一次听课打下基础。

五、复习方法

复习是学习过程的基本环节，是巩固和加深所学知识的必要手段，也是防止遗忘发生的有效方法。针对大学每节课信息量大、难度高的特点，应采取：

（一）及时复习

德国心理学家艾宾斯浩的遗忘规律告诉我们：遗忘的进程是先快后慢。心理学家们还通过大量的实验发现：学习后及时复习一次，一天后回忆率为98％，一周后回忆率为88％。如果不复习，一天后回忆率为76％，一周后为33％。因此，对知识的学习、巩固复习必须及时，应当争取在遗忘之前进行。这样记忆的效果可以大幅度提高。

（二）分散复习

所谓分散复习，就是分次进行复习，在各次复习之间间隔一定的时间。记忆心理学研究表明：新旧不同的两种已学过的材料，具有同样的可回忆性时，经复习后，旧的学习材料保持的巩固程度较大。经同样的时间不复习，旧的学习材料遗忘的少，保持的巩固程度受的损失小。所以，学生对刚学过的知识，应多次复习，随着记忆巩固程度的提高，复习的次数可以逐渐减少，间隔时间可以逐渐加长。这样有节奏的分散复习，可以避免大脑皮层细胞疲劳，提高复习效率。

（三）总结—归纳复习

是指经过一段学习之后，采用归纳、演绎、类比、联想等多种方式对已学的知识进行分类、比较、综合、分析等，归纳其异同，联想其形象，排列其特点，组合其同类，使所学知识系统化、条理化、趣味化。在总结—归纳的基础上，了解所学知识的重点、特点，并围绕重点、特点进行有效记忆和合理遗忘，增加记忆容量。这样复习，不仅可以提高记忆兴趣，增强记忆效果，而且可以触类旁通，举一反三，把知识真正变成自己的东西。

（四）回忆与阅读相结合进行复习

回忆是根据一定的条件把过去感知过或经历过的材料重现出来。在复习时先试图回忆，可以激活大脑，提高大脑活动的积极性。因而比单纯阅读效果要好。因此，要把回忆和阅读相结合进行复习。首先，不看教材和笔记，以所学纲目为中介对所学内容、方法、思路等进行回忆。其次，对照教材和笔记，检查回忆哪些地方是对的，哪些地方是错的，哪些地方忘了，原因何在。最后，针对错的、忘的内容加强复习，这样效果会更好。

（五）要"过度学习"

所谓"过度学习"，是指在"记得"和"学会"的基础上，继续把某些知识和技能学习到接近将学习者的最高潜能全部发挥出来的程度。例如，学习 10 个词语，如果经过 4 次练习就会背、会写了，在 4 次练习后再加几次练习，就是"过度学习"。增加 2 次练习的，称为过度学习 50%，增加 4 次练习的，称为过度学习 100%。心理学家列维斯认为，过度学习以 50% 效果最好（倘若过度学习太多，不仅时间上不经济，且效率反而会递减，此即所谓"过犹不及"）。因为过度学习到这个程度的知识和技能，才能纳入自己的知识结构，在运用时也才能游刃有余，触类旁通。遗憾的是，许多同学往往不懂这一点，他们往往作业一做完，便如释重负，不肯再花时间过度学习一下。这样，往往学得快，忘得也快，当然不能积累丰富的知识了。对此，宋代学者张载曾一针见血地说："学未至如此，非真得也。"

六、注意力不集中的毛病

青年人，由于好动、好奇、好观等特点，易造成注意力不集中。这样既会影响做事的效果，又会影响人的情绪，造成不必要的厌烦、不安。

怎样克服注意力不集中的毛病，这是青年学生在学习中要切实加以解决的问题。根据许多学者、伟人、科学家积累的经验，可以集中归结如下办法来克服精力不集中的毛病。

（一）排除干扰法

在学习过程中往往会遇到各种各样的干扰：如声响、景物、意外事情等因素，可能会引起学生产生与学习内容无关的无意注意，造成注意力分散，影响学习效果。因此学习者应采取措施，尽量减少学习时的各种干扰，不要让这些嘈杂的因素进入自己的学习环境。要立一道挡墙，有一个强大的心理屏障，把诸多与学习无关的干扰排除在学习活动之外。

（二）稳定情绪法

在进入学习时，要切实镇定自己的情绪，有目的的、及时地把注意力转移到特定的学习对象上。我们在日常生活中体验到，当开始一件新的工作和一次新的学习时，往往精力不集中，注意力没有甚至完全没有从原来的学习目标转移到新的学习目标。有的同学在上一节课遇到了不愉快的问题，下一两节课也不能把注意力集中起来；也有的同学听到老师讲有趣的问题，就一直想下去，不再注意老师下面的讲解内容。这些都是注意力不集中的表现。这就需要通过自我暗示、自我放松镇定、加强注意的目的性，并且能够快速、及时地随着目的转移而转移注意。

（三）提高兴趣法

凡是对人有直接兴趣的事物，都能引起人们的注意。对学习对象有较大兴趣的人，会主动地有意注意与学习对象有关的事物，从而集中注意力。所以，大学生要针对学习内容、重点，逐步培养自己浓厚的学习兴趣，想法使自己的兴奋点始终集中在自己的学习任务上。

（四）深入理解法

对自己的学习任务、内容、重点，要自觉深入地钻进去，以坚定的信心力求理解深透，不去触动进入与此无关的外界环境，不思考与此无关的事情，不做与此无关的动作，使思维、动作统统集中在对问题的探讨理解上，以此来排除干扰。

七、成功的秘诀

（一）有志

有志者事竟成。立志是成功的大门，是学习的内在动力。没有这个动力，就会厌倦学习，贪图享受，荒废学业。所以立志是求学的第一要素。

（二）要勤

勤奋是成功之径。"业精于勤，荒于嬉""万恶懒为首，百善勤为先"。国外一些人才学家通过调查得出结论：在世界上所有的科学成就中，由那些天姿聪明、少年时代就异常聪慧的人取得的成功约占5%，而另外95%的成就，都是由少年时代并不十分聪明，但能刻苦勤奋学习的人取得的。这正像爱因斯坦所说的那样："天才是百分之一的灵感加百分之九十九的汗水。"勤是一种美德，也是大学生应具有的学习精神。勤奋出聪慧，勤奋出才干，要取得优异的成功就要靠勤奋学习。

（三）要恒

恒是意志的考验。俗话说："苟有恒，何必三更眠、五更起；最无益，莫过一日暴十日寒。"古今中外成大事者，不唯有超世之才，而是有坚韧不拔之志。当代大学生要达到理想的彼岸，不可有侥幸心理，企图一蹴而就，要培养自己持之以恒、锲而不舍、顽强拼搏的恒心和毅力。

（四）有序

学习只有有计划、有秩序、有方法，才能取得事半功倍之效。因此，大学生要有有序的塔式目标、有序的渐进要求、有序的科学安排，这样，日积月累，才能学有所成。

（五）善挤

时间是常数，也是变数，只要我们善于挤，可利用的时间还是很多的。大学生要学会利用时间的分分秒秒，紧紧抓住今天，不把今天的事情推到明天去做。这样就等于拉长了时间，延长了生命。

（六）会思

孔子早就说过："学而不思则罔，思而不学则殆。"读书只有善于思考，深钻细研，善思其中之意，善解其中之理，才能取得成效。所以，读书时，养成多思善想的学习精神，是大有裨益的。

（七）忌满

古人云："谦受益，满招损""见之不尽者，天下之事，读不尽者，天下之书"。作为大学生，不能有了一点成绩，就感到满足，就懈怠自己、放松自己，那样永远成不了大业，建构不起优化的知识结构。

八、自学能力

自学能力是当代大学生应具备的基本能力之一。人的知识，大部分要靠自学获取，特别是在科学技术日新月异、知识量急剧增加的当代。一个大学生如果没有自学能力，就很难成才，也无法适应经济建设和社会发展的需要。那么如何提高自己的自学能力呢？

（一）提高阅读能力

阅读速度是阅读能力高低的重要标志。要培养自己快速阅读的能力，应采取四种方法。

1. 要扩大视觉覆盖面，采取线式或面式阅读方法。

心理学家发现，阅读可分为"点式""线式"和"面式"三类。所谓点式阅读，就是以一字、一词为单位阅读，其眼停一次只能感知一个词，视觉很小。线式阅读是指以词组或单句为单位阅读，一次眼停，视觉范围是一行字词，视觉广度加大，速度相应提高。面式阅读，视觉范围更大，通常以行或段作为单位阅读，即所谓一目十行。

2. 要减少发音动作和杜绝来回阅读。

可用一张白纸，读完一行挡住一行，有意识地加快速度。这样经过练习，可矫正"来回读"的毛病，并可以逐渐提高阅读速度。

3. 抓关键词和关键句。

有研究表明，要培养快速阅读能力，平时阅读时就要注意读物里的关键词和关键句，以此感知整体意义。

4．做好笔记。

做笔记的能力是阅读能力的重要构成部分。笔记既是在分析、概括能力的基础上形成的，又反过来能培养人的分析、概括能力。提纲挈领的笔记是同遗忘作斗争的武器。

（二）增强理解能力

理解能力的高低，很大程度地决定着自学效果的好坏。可通过下列方法提高自己的理解力：

1．注意分析比较，找出矛盾。

如材料中自相矛盾的地方，不同材料之间矛盾的地方，与自己见解分歧的地方，并向自己提出重点难点问题，从而促进大脑积极活动，学深学透。

2．独立思考。

碰到问题多问几个"为什么"，带着"为什么"去反复看书，反复思考，从而加深对问题的理解。

3．经常用自己的话复述读物的内容也能提高理解力。

（三）提高解决问题的能力

自学能否成功，最重要取决于自己解决问题的能力。自学中遇到的难题可采取如下步骤解决：

1．准确清楚地找出难点，并分析关键之所在。

2．寻找各种资料和证据，提出各种解决问题的方案，从中选出最佳方案。

3．对选出的方案进行论证、检验和修正。

（四）提高检索、综合资料的能力

工具书和资料是自学的老师。大学生要提高自己的自学能力，必须学会各种参考书和资料的检索方法和综合使用方法。提高对各种信息资料的搜寻、检索和综合能力。参考资料的使用，要以专业为中心，有层次、有重点，同类书中选精。

另外，要提高自己的自学能力还要善于制订切实可行的自学计划，这对于大学新生尤为重要。

九、想象力与创造力

想象力就是人们的再造想象和创造想象能力，是人脑对于记忆中的表象进行加工、改造、重新组合，重现事物的形象和创造暂时还不存在的新形象的能力。创造力是运用已有的信息进行加工，提出新颖、独特而有社会价值的产物的一种综合能力。想象力与创造力相互联系，在人们的创造活动中起着重要作用。

列宁说过："想象是创造的开始，没有想象，创造就不可思议。"创造需要想象。正如巴甫洛夫所说："化学家在为了彻底了解分子的活动而进行分析和综合时，一定要想象到眼睛看不到的结构。"想象力可以产生"假说"，可以激励创造，可以引起我们发现新的事实，激发我们作出新的努力，使我们看到有可能实现的后果。为此，当代大学生必须注意培养自己的想象力和创造力。

培养想象力，发展创造力必须做到以下几点：

（一）扩大知识面，开阔眼界

想象必须以知识、经验为基础，在头脑里构成原来经历过的或未曾遇到过的事物的形象。知识越丰富越能为自己的想象和创造打下深厚的基础。因此，扩大知识面，开阔眼界和思路，有利于培养想象力和创造力。

（二）培养创造性思维能力

创造性思维是指有创见的思维。它要求人们组织加工已有的知识经验，产生前所未有的（至少对思维者本人未曾有过的）思维成果。它具有三大特征：即流畅性（灵敏的反应能力）、变通性（随机应变能力）、独创性（异乎寻常的新奇反应）。创造性思维能力是一种高层次的思维能力。我们不能期望一个缺乏想象力和形象能力的人，会有创造性思维能力。因此，大学生要全面培养自己的思维能力，在此基础上敢于开拓思维，标新立异思维，敢于在间隙、交叉之间思维，进而多方面、多角度、多层次思维，然后动手实验，使自己想象思维的目标实现，把奇思妙想变成实际的、有价值的东西。

（三）善于想象，保持强烈的好奇心

一个人要有创造，必须善于想象事物的未来。善于想象必须：

1. 疑发想象。

在学习的过程中善于提出疑点，随着疑点大胆想象，不固守已有的定律、定势。怀疑并非都是坏事，而可能是萌发新生的开始。

2. 兴趣想象。

对感兴趣的、好奇的问题，要顺其兴奋点自由想象，联想得越宽、越广、越大、越怪越好，要不受任何压抑、任何框框的束缚。

3. 敏感想象。

在读书、观察事物中发现奇异现象，看到不可理解之事，要展开你的想象，抓住敏感点，可五花八门地开拓思路，把想象发挥到无穷之极。

（四）冲破心理的包围圈

要发挥创造性，必须闯过心理关，敢于打破旧框框。需要闯过的心理关主要有：

1. "找正确答案"。

人们习惯于"一个问题只有一个答案"，殊不知，许多问题是有多种答案的，寻找其他答案，常常能引出新想法。

2. "这不符合逻辑"。

僵化的逻辑思维常常使新想法窒息。要激发想象力，就得进行形象思维。

3. "循规蹈矩"。

循规蹈矩也许是最保险的办法，但是它却制约了事物的发展。要找到新想法，必须打破一些规矩，不拘一格。

4. "要实际些"。

在找新想法时，先要考虑可能性，其次再顾及实用性。

5. "不要太傻"。

"傻气"有时会带来新想法，最容易把人的"不可能"观念打破。

6. "不要怕犯错误"。

成功和失败对人们的发展同样重要。从某种意义上讲，失败有更强烈的推动作用。

7. "这不是我的范围"。

事实上，"门外汉"常常会提出令"门内汉"大吃一惊的新想法。要成为一名能出色地寻获新想法的"猎手"，视野要宽，思想集中，看见"猎物"后能抓住不放。有创造性的人往往比较全面，对什么都感兴趣，懂得如何将此物用于彼处。

十、广泛的兴趣爱好

（一）认识意义

兴趣是人们热切希望认识某种事物或进行某种活动的心理倾向。大量的事实表明，广泛的兴趣爱好，可以使人的心理得到充分的发展，能使人的思路更加开阔，更加活跃。正如《诗经》中写道："他山之石，可以攻玉。"许多有作为的人物除了在专业上有很高的造诣外，大都兴趣广泛，思路开阔。物理学家爱因斯坦、海森堡、普朗克，不但酷爱音乐，而且在音乐上都有很深的造诣；我国物理学家钱三强喜欢古典文学、唱歌、画画、打乒乓球和篮球；马克思对哲学、历史、经济、文学和数学等科学知识无不精通，这是他能够写成经典著作《资本论》的重要条件；微积分学的创立人之一莱布尼茨，也不是一个纯粹的"真正的数学家"，他既是哲学家、律师，也是一个官吏。这一切都说明，广泛的兴趣爱好，能开阔人的眼界和思路，使思维更具灵活性和变通性，从而有助于创造能力的发展。另外，广泛的兴趣爱好对于丰富生活，陶冶情操，缔结良好的人际关系都有重要的意义。人的兴趣广、爱好多，与他人的共鸣点和联结点就多，社交的范围就广，结交的朋友就多。广泛的兴趣爱好也有助于提高大学生适应社会的能力。市场经济体制的建立，人才市场的激烈竞争，要求当代大学生既要专业基础深厚，又要知识广博，只有理、工、文、管相互交叉渗透、一专多能，才能适应人才市场千变万化的需要。那种兴趣狭窄、知识单一、孤陋寡闻的人是不受社会欢迎的。

（二）制订全面发展的目标

全面发展就是要丰富各方面的知识，丰富知识就要有广泛的兴趣爱好，就要有强烈的求知欲望。因此，高尚、达观的目标是培养兴趣爱好的基础，兴趣爱好又是实现求知目标的内在动力，两者相互促进。有了丰富知识、增长能力的奋斗目标，就能够自觉地参与各种有益于身心健康的活动。在这种增道德、添知识、长身体的有益活动中培养自己广泛的兴趣爱好，逐步发展自己在某些方面的特殊兴趣，特殊爱好，促进自己成为既有广泛兴趣，又有专业特长的全面发展的人才。

（三）自学的参与意识

要培养自己广泛的兴趣爱好，必须确立自觉的参与意识。参与才能产生感情，动情才能有兴趣爱好。例如学校组织丰富多彩的知识竞赛，各种文体活动，公益劳动等。作为当代的大学生，必须自觉地参与、自觉地投入、自觉地动情动手，不能作旁观者。作旁观者无论如何也开发不了兴趣爱好。

（四）不懈的毅力

兴趣爱好的勃发建立多是在无意识或潜意识中产生的。因此对某一事物、某一活动、某一知识要有坚持不懈的毅力去经常接触，经常参加，经常体验，日积月累就会自然而然地产生兴趣爱好。

（五）注重发展提高

兴趣爱好产生后，就要注意兴趣爱好的发展。要选择那些对自己全面发展、对自己未来志向、对自己未来成长、对自己未来事业成功有特殊意义的兴趣爱好加以特别培养，使其兴趣爱好成为个人成长的助化剂，事业成功的推进器。

十一、开发右脑的智力

人为什么有的智力高，有的智力低？怎样才能提高自己的智力，使自己变得更加聪明？心理、生理科学的研究发现：如果将你尚在沉睡中的右脑唤醒，必将使你的智力、能力和素质产生惊人的飞跃。

（一）人的左右脑功能不同

大脑是左右两个相互分离的半球。在生理支配能力上，左半球控制着人的右半身，右半球控制着左半身。在智力活动中左脑拥有语言中枢，主要支配语言、逻辑、数学符号、公式、书写等抽象思维和记忆的活动。右脑在感觉领域大显身手，主要负责事物的形象、音乐、绘图、空间位置形态等形象材料作的思维和记忆。若将人的左右脑比喻为人，那么，左脑是那种循规蹈矩、按部就班、缺乏情趣之类型的人；而右脑则是具有形象性、爱无拘无束"胡思乱想"、洋溢着创造欲望、充满活力之类的人。

（二）人脑的潜力远远没有开发利用起来

信息论观点认为，人的大脑堪称一个高效能的电子计算机组。正常人的大脑有 146 亿个神经细胞，能贮存 4 至 50 千万亿个信息单位。有人计算过，全世界图书馆藏书的总数约 8 亿册，假如每册书包含的信息量为 600 万个单位，那么这些书总共有 4800 亿个信息单位，也就大体相当于一个人大脑所能蕴藏的信息量。目前，一般人所用的大脑能力还不足 10%。伟大的物理学家爱因斯坦自称只用了大脑潜能的 20% ~ 30%。另有一些研究惊人的发现：如果对两个半球中的"弱者"予以刺激，鼓励它去同强的另一个半球积极配合，结果将使大脑的总效率成 5 倍、10 倍甚至更多倍的增长。世界上许多伟大的"脑袋"都是左右半球使用融合的典型。

千百年来，人们习惯更多地使用左脑进行抽象思维和记忆，如思维记忆语言文字、公式、符号等，而右脑形象思维和记忆的功能则闲着，或只起被动的辅助和衬托作用。因此，充分开发右脑的功能，是使人变得更聪明的有效方法。

（三）如何开发右脑的智力

1. 改变重抽象轻形象、重分析轻直观、重理性轻情感的传统观念，多进行形象思维和形象记忆，多使用右脑。

爱因斯坦曾经说过："我思考问题时，不是用语言进行思考，而是用活动的、跳跃的形象进行思考。当这样思考完成后，我要花很大的力气把他们转换成语言。"他的相对论就是他躺在夏日的山丘上，想象驾驭着一束阳光横贯宇宙旅行后发现的。

2. 加强左半身的运动量。

多活动左手，训练用左手拿东西、干活的灵活性，增强对左耳的语言刺激，可使右脑得到活化。

3. 善于把学习的理论知识，通过联想将其形象化，进行形象记忆，并学会用图形、绘画做笔记；多参加社会实践，提高动手能力；经常鉴赏绘画，欣赏音乐等，都有助于右脑的开发。

第六章
勇于推销自我

大学生的择业意识

　　市场经济的大潮，冲击着世俗的偏见，导致人们思想观念和价值取向的重塑，引发了人们行为方式的转变。当代激烈竞争的人才市场，把过去"不愁嫁的皇帝女儿"——大学生引入竞争的市场环境，大学生成为一种特殊的商品——人才商品，进入了流通领域。那么，怎样才能使自己成为人才市场的"畅销货""抢手货"，而不致滞销或被淘汰呢？这就应当使自己具备推销意识，并懂得用公共关系塑造自我、宣传自我、推销自我的技术。

　　美国成人教育家戴尔·卡耐基说过："生活是一连串的推销。我们推销货物，推销一项计划，我们也推销自己。""推销自己是一种才华、一种艺术。有了这项才华，你就不愁吃，不愁穿了，因为当你学会推销自己，你几乎已可推销任何值得拥有的东西。"美国畅销书《走向成功》一书也指出："在工业社会里，人人都在推销自己，在工商界，没有推销，就没有企业，在个人来讲，不懂推销，就难以出人头地……"

　　每个人都要推销自己，每天都应推销自己。推销自己是很自然的事，就像为了填饱肚皮，人每天要吃饭一样。对大学生来说，求职的过程也无异于是一种对自我的推销，而且这种推销是一种难度更大、艺术性更强的推销。

　　推销意识，无论对个人还是组织，都是一种现代的生存意识。一种商品的问世，如果不做广告，不在报刊、广播、电视上露露脸，人们就不会了解这种商品，不会了解这种商品有何作用，有何性能。那么，即使这种商品再好，恐怕也是无人问津的。个人求职也一样，如果不把自己的理想、专长、学历、爱好等情况告诉你所希望就业的单位，即使你是极有学识、能力的才子，恐怕也是无人肯启用的。

人们没有发现你，就像一颗深埋在地下的宝石，谁知道你的价值？有些人确实很有实力，而且也坚信自己的力量，但就是内秀不外露，才能无法展示，而终不能崭露头角、脱颖而出。与其内心企盼而表面谦让，不如潇洒地告诉别人你想获得哪个位置，然后展示一下让对方看看。自我推销是一种求生的本领，有效的推销能展示力量，使一个人的命运发生所期待的转机。

美国求职专家哈佛曾说过："求职是一门艺术……求职艺术并不在于你想得到什么，而在于你如何表现。"求职，不仅仅需要有勇于推销自我的意识和胆量，还需要有推销的基本技术和技巧。

有一位毕业生就很善于表现自我、推销自我。当他到深圳一家摄影广告公司求职时，他拿出一打彩色摄影风景照片，对公司老板说道："当您看完这组照片后，一定会认为摄影技术不错，起码达到了摄影的一般要求，如果稍加提高，那么一定会深受摄影爱好者喜爱。"那位老板深感赞同地点了点头："可以说这些摄影作品的作者的技术还是不错的，我看如果你能达到这个水平，我倒可以考虑聘用你。"他当即答道："既然老板这样看重这些作品，那么我就不谦虚地说，作者正是本人。"老板听后愕然了，小伙子的自我推销术使他这个精于商道的人也中了圈套，于是，他录用了这位毕业生。

然而，不是每位毕业生都善于推销自己，有些人四处碰壁，苦不堪言。许多人为此而使自己的才华不能充分发挥甚至被埋没，使自己的一生平平淡淡甚至碌碌无为。

问题的关键仍在于求职者自身，只要你具备推销自我的意识，且善于把自我推销的基本手段与技巧有机结合，就一定会获得成功。当然，推销自己在人生的道路上不是一次性的，生活本身就是一个不断推销自己的过程。有力地推销了自己，就是找到了成功的入口处，那么，就会取得比别人更高的成就。

大学生毕业走上社会，就业是他们面对的人生又一次较为重要的考验，虽然市场经济的确立给大学生以后择业提供了相当灵活自由的环境，但大学生的就业前景不容乐观。

面对严峻的就业形势，大学生在毕业择业及自我推销时注意有关的择业对策是相当重要而且十分必要的。

"敢问路在何方？

路在脚下。"

一、大学生择业时需要的意识转变

（一）文凭不是"撒手锏"

文凭是校方发给毕业生的证书，它作为知识水平的外在标志，可以用来衡量一个人受教育的程度、专业特长等情况。20 世纪 70 年代末和 80 年代初，随着尊重知识、尊重人才的风气日盛，其价值急剧上升，一度在全国形成了"文凭热"，在这一"热点效应"的灼烤下，一纸文凭被抬到异常显赫的社会位置，甚至成为一种价值尺度，提干、提级、职称也都与文凭挂钩，似乎文凭成了人的价值标尺和进入职业领域的灵丹妙药，有这块"敲门砖"，大学生不愁找不到理想的职业。因此，文凭成了大学生求职择业优越于他人的重要实力。

但是，社会改革的勃勃生机中又孕育了新的挑战。1987 年，我国首次发生了用人单位退回应届毕业生的现象。当时全国高校有 38 万应届毕业生，分配后约有 5000 人被退回，占应届毕业生总数的 1.32%。1988 年高校毕业生又被退回近 5000 人。5000 人在当时 10 亿人口的泱泱大国是个很小的数目，但与"文凭时代"的情形相比，它所传递的却是不同寻常的信息，引起了社会的强烈震动，也引起了在校大学生的焦虑和不安。它预示着"文凭热"的消退，天之骄子们第一次遭到命运的挑战。于是，大学生中就业问题成为家长担心、学校着急、学生不安、社会关注的问题。

此后，随着社会改革的进一步深化，令人目不暇接的经济、政治、文化的社会变迁，尤其社会主义市场经济的建立，更进一步导致了人才竞争的加剧，引起人们行为方式的进一步转变，从而不可避免地导致人们的思想观念和价值取向的重塑，文凭的价值评价回归了恰当的社会地位。在文凭价值的社会迁移中，处在知识与思想观念前沿的大学生，他们中的许多人跟上了时代的步伐。但社会变革尚处在有待深入的变动过程中，难免会挟裹着传统的惰性力量——旧的价值体系和观念，在大学生的价值观念中，也没有完全脱离滞后性观念的窠臼。有些大学生仍把文凭或学历作为择业的主要实力，期望借此获得理想的职业。

其实，文凭并不代表一个人的全部价值，文凭亦不等于就是合格人才，它只反映一个人接受教育的程度、层次以及知识积累量，是实现人的价值的基础。大学生深入接触当代社会择业现实时，就会看到社会期望的不再是一纸文凭，而更看重求职者是否有真才实学。如北京联合大学自动化学院的一位大专生求职于首钢设计院时，单位要求他能绘图，他答道："这是我拿手的，课余就帮人描图，三天一份，您可以当场试我。"他还将学习时搞的四份优秀设计交给用人单位。他凭真才实学赢得了用人单位的信赖，获得了求职成功，而这同时有一位搞设计专业的人却由于图画得不好，被辞退。

大学生求职者需要建立一种新的择业实力意识。在大学时代，应着力于积累丰厚的底蕴，从提高能力、增强社会适应性的角度对待学习，摆脱对文凭的依赖思想，靠真才实学求职，靠真才实学闯世界。须知，文凭不是"撒手锏"，唯有真才实学，才能塑造最光彩照人的职业人生。

（二）树立择业竞争意识

随着社会由封闭趋向开放，竞争机制伴随着市场经济的发展愈来愈全面地引入社会生活，也引入了职业选择领域。有选择就必然有竞争。在机会均等的前提下，以个人才能为基础进行的竞争，是公平选择的重要前提。用人单位根据实际工作需要选择满意的人才，而每一个即将毕业的大学生都应彻底抛弃过去"皇帝女儿不愁嫁"的心态，必须根据用人单位的要求，积极创造接受选择的条件，培养竞争意识，勇于在竞争中获得择业成功。

对于每一位大学生求职者来说，只有具备了竞争意识，才能抓住稍纵即逝的最佳机会，从而在众多的竞争对手中，独占鳌头，成功地实现自我。

有这样一位毕业生，一家大公司到他所在学校招聘，尽管校方推荐了比他优秀的毕业生，但公司方面却指定要他。人们还以为他有"关系"，走了后门。其实不然。后来这个毕业生自己道出了实情："如果硬说有'关系'，那便是我提前做了准备。在大学三年级的时候，我从报纸上看到一些学校试行新的毕业分配办法，我也为自己将来的工作担心，如果到分配时才想办法，就不一定能找到较好的工作，尤其现在的职业竞争这么激烈，不如早作打算。于是，我向十几个单位寄出了自荐信，希望毕业后能到他们单位工作。没多久，真有三个单位来了复函，其中就有这家公司。事也凑巧，我们实习的地点正在这家公司附近，使我有更多的机会与他们接触。我在完成实习任务的同时，还多次与这家公司取得联系，谈自己的理想、学习和在校表现，并介绍了自己已发表的两篇论文。不仅如此，我还几次到公司基层，帮助他们解决了一个技术上的问题。看来，提前准备使我迈出了成功的第一步。"

从一般意义上说，在改革开放的环境里，每个人的机会是均等的，但实际上机会只偏爱具有竞争心理的人。只有竞争，才能赢得公平合理的机遇。因此，竞争心理、竞争意识同样是现代求职者必备的基本素质。

竞争是人的本质力量的正常显示和有效强化，是社会先进、文明、民主的生动体现。竞争，需要有良好的社会机制、现代观念和文化背景。通常竞争需要具备五大要素：

1. 公平。

社会应为职业竞争提供人人均等的机会，优化择业的社会环境，杜绝职业选择中权力因素等不公平现象的发生，从而使所有求职者站在同一起跑线上。

2. 差别。

"承认差别也就是承认平等。"有差别、利益的不均衡，通过竞争得以体现，孰优孰劣，孰有孰无，一见分晓。

3．自我意识。

没有一定的自我意识和独立人格，即使有竞争的良好环境也不可能产生竞争的念头；即使有竞争的打算，也很少有竞争的勇气。

4．走出狭隘的交际圈。

马克思指出：单是社会接触，就会引起竞争心和特有的精神振奋。列宁也有同感，他说："竞争是在相当广阔的范围内培植进取心、毅力和大胆精神的最有力手段。

5．冲破传统文化的心理障碍。

传统文化中，陈腐的因循守旧、不思进取、奴化依附、注重中庸，都会扼杀人的竞争之心。

有了以上五个条件，才能充分实现真正公平合理的竞争。大学生求职者在这种竞争环境中，激起自我超越他人的欲望和创新精神，投入职业选择的大潮，从而显示和强化了自身的潜力。

（三）树立风险意识

竞争伴随着风险。因此，求职者还需要具有风险意识和心理承受能力。在求职择业中，要敢于承担风险，事实上百分之百把握的事是不多的，很多抉择只能根据成功的概率来决定取舍。现代职业社会是变化着的复杂世界，激烈竞争环境中的各种活动都是有风险的，这要求人们必须具备相应的风险意识。风险意识并非盲目冒险，而是在失败中勉力寻求成功。

求职中的风险选择应建立于对事物深刻的洞悉与分析，掌握一定成功概率的基础上。它既能促使求职者调动全部潜能避免失败，寻求成功，又可以在竞争的领域充分展现自我。谁不甘于平庸，谁希望开拓进取，有所成就，谁就得具备竞争意识和风险意识，使自己成为竞争社会中的强者，创造丰富而充实的职业人生。

二、大学生择业时的自我认识与重塑

在文艺复兴时期，法国思想家蒙田就告诉人们："世界上最重要的事情就是认识自我。"青年大学生正是处在个体自我意识成长与定型的关键时期，经常对自我进行反思反省。无情地解剖自我，对自己的身心健康成长无疑有很大的益处。

大学生认识和反思自我不只是意识到个体自我的生物特性，而主要是意识到自我的社会特性，并根据客观的反映与实践反馈的信息，对个体多方面的社会生活内容作出客观评价，及时地调整自身的心理生活与行为方式。因此，能否正确意识到个体自我的社会属性，对个体自我价值定向判断、自我气质心理判断、自我人格道德和自我审美评价等方面作出客观评价，以及能否有较强的自我意识和自我调控能力，往往是一个人自我意识健全和成熟与否的标志。大学生只有深刻地认识了自己，才可能深刻地认识生活；对自己以及自己和社会的关系作出恰如其分的评价与判断，才能不断地修改调整自己的行为，从而使自我意识、自我意向、自我情感体验更适合社会的需要，在不断完善客观中不断完善自己，如鱼得水般地畅游于职业人生的汪洋大海之中。

大学生求职者要想选择一个理想的职业，使自己的才能得以充分发展，第一位的任务就是要对自己有个明确、切合实际的认识。很多大学生在选择职业问题上走了许多弯路。很关键的一个原因，就在于自己没有真正地了解自己。从求职的角度而言，认识自己既包括认识自己的兴趣、气质、性格和能力，也包括认识自己的生理素质、知识结构和职业适应性，目的在于真正发现自己最适合干什么工作。

求职作为一种人才商品的自我推销行为，就像推销一般商品一样，第一件要做的事是对你所推销的对象尽可能地去了解。如果一个人不知道自己的价值到底有多大，那么在推销自己的时候，就不能叫准价。

那么，怎样才能有效地认识自己呢？求职者可以分为两步进行：

（一）自我画像

你可以试着为自己写一个全面的自传和力求准确的鉴定，从中判断自己有什么优缺点，喜欢和厌恶什么，智能、意志、感情有什么特征，向往目标有哪些等。再通过各方面评价的反馈（如征询师长、亲朋、密友的意见），一般便可以对自己有一个基本的把握。

（二）自我分析

对自己的价值观、知识、技能状态和水平进行分析评价，从而得出自我映象。这种分析的内容可以深入到各个方面和细节，如价值观方面是富于进取还是颓废不前，知识技能方面是多学多才还是孤陋寡闻，等等。通过这种深入、细致、全面的自我分析，将各个结果综合起来，你就能对自己较稳固的深层次的品质——思想倾向、价值目标、适应力、智能结构、个性特征等有一个较完整的认识。在此基础上建立起来的职业选择意愿，才具有现实可能性。

明确和清晰的自我意识是大学生求职者必须具有的求职素质。具备了这种素质，找到了自己在社会中的基本位置和出发地，这是推销自我的基础和出发点。同时，要想在今后的职业岗位上发挥自己的才能，首先要发现和了解自己现在的才能；要想在职业岗位上发挥自己的潜力，首先要认识自己现在的潜力。有了客观、全面自我认识的基础，并在日常的学习和生活中，不断改善和完善自我形象，这对于大学生有效地推荐自己和在职业岗位上成功地发展自己，将起到十分有益的作用。

大学生择业前应有的准备

一、对大学生形象的认识

作为一种客观的实在，凡人都有其形象，甚至可以说它是一种与生俱来的自然产物。每个人迟早都会形成一种反映他自己的特征形象，而且人们常常通过这种特征形象把自己介绍给他人，介绍给社会。求职中的大学生亦不例外，求职择业的过程实际上就是一种自我形象的推销。

那么，什么是形象？形象的内涵是什么？美国人罗伯特·舒克用诗一般的语言描述道："形象是别人可以感知的东西，她是人的画像，是你镶嵌在别人心坎上的芳草地。人们喜欢你、羡慕你的缘由也在此。"形象其实就是人的种种"表现"，是个体的政治、文化、道德素养以及个性品格等内在的特质通过言论行为与人之形体一起显示于外的综合表现。形象是综合性的，又是多层面的。它包括人的仪表、言行、内质等自然生成和后天累积的多种层面。因此，人们对形象的感知和评价也是综合的、立体的。

形象能产生魅力。形象实质是魅力之源。一个人、一种环境，你倘若承认被他或它吸引了，那就是说他或它对你产生了魅力。然而这一魅力来自他或它的形象，因为，只有形象才能被人直观和感受到，是形象这一奇物使人折服，使人倾倒，使人叹服，以至使人产生灵魂的颤动、净化和升华。

要树立一个有魅力的自我形象并为人们所认同和悦纳，必须多层面地综合地塑造自我形象，仅持自然形成的自我形象的态度是不足取的，非得有清醒的自我意识去努力塑造、刻意改善不可。当一个人塑造了一种有魅力的自我形象之后，其实他也在为自己人生的成功孕育着种种机会。

形象是一种无形的资产，普通商品有了良好的形象，会受到消费者的青睐，会成为畅销货；而人才商品有了良好的形象，同样也会受到用人单位的喜爱，而成为抢手货。良好的形象不仅使求职者个人信心百倍，而且这种表现出超凡魅力的形象会感染并影响与他发生联系的人们，从而使人们情愿真诚地信赖和帮助他去实现他的目的。

形象意识是现代人极为重要的生存观念，是公共关系职业的核心意识，是每个大学生必须具备的求职意识。当我们认识到形象的价值，并提出形象塑造与改善的要求后，首先要明确一个良好形象的追求目标，知道职业社会对大学生形象的社会期待，把求职形象与社会期待有机结合起来；其次要采取切实的行动，多层面、综合地塑造自己的形象，既要修饰好自然生成的外在形象，又要从自我最深层的文化、道德、心理素养的改善中，获得仪态、言行等外在形象改善，从而达到外在形象与内在形象的高度和谐统一。这样的形象才是有魅力的，才是受用人单位欢迎和喜爱的。

一般来说，由于我国社会生产力尚不够发达，因此我国的高等教育与西方发达国家相比还是有一定差距的。因此在我国受过高等教育的人还是我们社会中的佼佼者，所以就一般范围来看，人们对大学生都有着较高的评价，对于他们的水平和能力总体上都是肯定的。因此大学生在走上社会择业时，一般是能受到社会的欢迎的。

二、社会对大学生形象的期待

渴望在理想的职业岗位上实现自我，这是当代大学生对未来职业共同的自我期待。然而，大学生在形成自我期待时，往往容易提高自我期待的理想成分，而忽略社会期待的现实成分，这样，就可能影响理想自我与现实自我的结合。因此，大学生要推销自我形象，必须了解职业社会对大学生形象的现实期待，这其中包括不受欢迎和受欢迎的大学生形象的具体要求。

（一）不受用人单位欢迎的大学生

1. 求职目标模糊不清。

对于单位的选择、职业的适应以及求职于该单位的目的、动机等问题茫然、迷惑，不知为什么选择这一职业的大学生，他们往往容易被用人单位视为没有能力，缺乏主见的人。

2. "高分低能"的学生。

这类学生在校期间单纯以取得分数为学习目的，而忽视了各种职业能力的培养和锻炼，不能适应用人单位对就职者基本能力和特殊能力的要求。

3. 行为被动，不善思索。

这类学生只能从事别人安排已定的工作，没有创新精神和主动性，缺乏思考能力。

4. 以自我为中心。

这类学生刚愎自用，听不进他人的意见，以自我为中心，傲慢自负，目无他人，强迫别人服从自己的意志。一旦进入职业领域，协调性、合作性差，因此，最为用人单位反感。

5. 大学时代学无所成。

这类学生大学数年毫无收获，惰性十足，对学习和活动均无兴趣，无目的、无热情地渡过了学生时代。因此，他们求职择业时，很难引起用人单位的注意和兴趣。

6. 学生时代热情燃尽。

这类学生缺乏个性，不思进取。学业完成后，已成强弩之末，元气不足，缺乏活力，没有什么发展前途。用人单位是不肯录取这种学生的。

7. 不能与他人合作。

这类学生恃才自负，孤芳自赏，不善于集体创作与合作，鄙薄他人热情，独往独来，拒绝参加社团活动，人际关系极差。因此，这类学生自然不受用人单位的青睐。

8．体弱多病。

这类学生弱不禁风，疾病频繁，不讲卫生，生活无规律，不知加强健康管理。身体是工作的资本，有无健康保证对求职至关重要，这一点也深为用人单位所看重。

（二）受用人单位欢迎的大学生

1．改革意识强。

在改革的时代，改革能赋予社会与人以活力。改革体现了时代的精神特征。每一个从业者都需要具备改革意识，积极参与火热的社会改革事业。用人单位更希望进入该单位的大学生，能够成为企业改革的中坚力量，发挥大学生的智能优势，开拓一番事业。

2．业务能力强。

用人单位期望大学毕业生应具有较扎实的专业基础理论知识和较强的动手能力，来了就顶用。在激烈竞争的时代，用人单位需要有竞争实力的从业者，如果大学毕业生知识面广，懂经济、法律、计算机、商务等知识，以及外语水平高，操作能力强，进入职业岗位，可以为企业生存和发展发挥更大的作用，这样的大学生是会为用人单位大为赞赏和欢迎的。

3．适应性强。

用人单位期望大学毕业生有极强的责任感，对企业保持高度的热忱，在各种复杂的社会环境中，能保持清醒的头脑，处事不惊、横而不流，有足够的风险承受力。同时，还希望大学毕业生能适应企业环境中的种种岗位要求，服从组织的调遣。

4．协调性强。

现代社会处在一个开放的环境中，期望大学生从业者具有与同事配合、与领导协调的关系。希望大学生减少"书生气"，懂得公关知识，有为人处世的经验和技巧，与单位同仁精诚合作，共创一番事业。

了解了上述情况，大学生就应在日常的学习生活中，努力塑造为社会所期待的大学生形象，从而为推销自己作好超前的准备。

三、成功始于抓住信息

在今日之社会中，我们所进行的一切活动，没有信息便不能成功。求职活动当然也不例外。然而，许多求职者缺乏信息意识，不知道到哪里去了解职业信息，不知道怎样了解职业信息，许多人因此而陷入了困惑之中。而事实上在我们周围充满了各种各样的职业信息，只要求职者留意就不难发现机会。

职业信息主要包括：大学生的总体供需状况，各行各业需要毕业生的情况，自己所学专业社会需求情况，社会职业的发展趋势，还包括国家（含省、学校）当年的大学生就业政策和具体措施、安排等。求职者只有掌握了大量的职业信息，视野才会广阔，才能稳妥地把握自己的命运，不失时机地选择自己的职业位置。如果一个人耳目闭塞、信息失灵，就如同盲人骑瞎马，盲目乱撞，势必会失掉许多工作的机会。

职业信息是求职择业的基础，谁能及时获得信息，谁就获得了求职的主动权。获得的职业信息越广泛，求职的视野越宽阔；职业信息质量越高，求职的把握性越大。充分地搜集有关的职业信息，并将这些信息加以分类、归档、整理，从而去粗取精，这是求职开始的第一步，也将是求职成功的第一步。因为，求职方向的选择，最终的决策，甚至将面临何种考试、何种困难，无不需要通过把握信息而加以解决。因此必须利用各种渠道、手段，广泛地、全面地、准确地搜集职业信息，寻求求职机会。

关于职业信息的搜集，一般有两种渠道。一是正式渠道，二是非正式渠道。正式渠道所获信息称之为正式信息，通常指被公开发表的、较为完整的信息；非正式渠道所获信息称之为非正式信息，系指从熟人、朋友以及前届毕业生等处搜集的职业信息，这些信息往往翔实、生动，丝毫不加掩饰。通常对求职有益的"信息源"可归纳以下几种：

（一）通过传播媒介获得信息

这种信息的特点是传播面广，传播速度快。此类工作机会虽易发现，但竞争者较多，求职成功率较低。

（二）通过有关部门获得信息

如毕业生就业部门、用人单位、人事部门及人才交流机构等机构，它们是职业信息的集中地，其信息常常是权威的、可靠的，对求职者较有指导性，也是获得职业信息的重要来源。

（三）通过各种人际关系获得信息

如师长、家人、亲友、同学、朋友以及前届毕业生。这类信息分布面广，具体翔实，是求职者可供参考的重要信息源。

（四）通过毕业就业动员获得信息

在毕业分配之前，学校要给毕业生介绍当年的大学生毕业就业情况，让毕业生大致了解社会大学生的需求状况及有关就业的政策规定。

（五）通过其他方式获得信息

如通过用人单位招聘启事，通过实地考察征询，通过电话、信件或拜访等方式获得信息。

在收集职业信息时，求职者要注意结合自己所学的专业和专长，要有侧重。同时，搜集信息在时间上注意动态性，在空间上要讲究全面性，在内容上要注意广泛性，并进行分析处理，使信息具有准确性、全面性和有效性，使之更好地为求职服务。

四、大学生求职应有的心理准备

（一）求职的心理准备

青年学生就业前的心理准备是十分重要的。面对当前人才市场激烈竞争的局面，需要求职者有足够的心理承受力。心理承受力是现代人格的基本因子，有了充分的心理承受力才能经受社会变革带来的冲击，迅速适应社会变革造成的变动，并在变革的激流中作出理智的选择，清醒地引导自己寻求与社会相适应的、理想而又切合现实的道路。同时，当面临挫折和打击的巨大心理压力时，亦可使自己保持生活的勇气和信心，不气馁、不沮丧，奋发有为，自强不息，表现出强者的毅力与坚韧。

那么，青年学生求职前应当作好哪些心理准备呢？其要点如下：

1. 培养积极主动的职业意向。

不少学生对专业的选择带有盲目性，因此对所学专业及将从事的职业有种必然的朦胧感。直到临近毕业时，这种朦胧的职业意识才趋向清晰和现实，而这种转变又往往是被动的。其主要原因在于学生还不完全具有在校选择专业的权利，只能被动地确立职业意向，消极等待。要使自己跟上社会的发展变化，使自己有较强的职业适应性，就必须培养积极主动的职业志向，积极主动地了解专业的发展状况、培养目标及使用方向，注意搜集社会各方面的用人信息，不断调整知识结构，不断修正职业意向。

2. 确立合适的抱负水平。

抱负水平是一种个性心理倾向，它指的是个人从事某种实际工作之前，估计自己所能达到的理想目标。这种理想目标体现为行为主体对自己的一种期待，即自我期待，它必须与社会期待相适应、相协调。抱负水平的高低在求职中常常起到不可估量的作用。明显恰当的抱负水平，有助于大学生处理好自我期待与社会期待的关系，摆正个人与社会国家的位置，从而进行正确的职业定向和职业选择。

3. 认识自我。

认识自己无疑是直面人生、战胜困难的第一步。择业求职时自然也不例外。只有认识、了解自己的兴趣、个性、能力、价值观，并做好充分的准备，才能知道自己更适合做什么样的工作，才能确立好择业目标。只有提前对自己作出客观全面的评价，才能在就业竞争中处于主动地位。

4. 培养工作所需的心理品质。

在明确个人的职业意向及心理特点后，应进一步设法了解所倾向的职业的要求以及自己在专业知识、工作技巧和心理品质方面还存在的具体差距。通过外部的帮助和自我训练，培养和调节自己所倾向的职业所需的各种心理品质，以增强工作的适应性和主动性。

（二）求职成功的心理品质

求职的过程实质上是在进行自我推销。要让别人接受自己，除了必要的推销技巧外，求职者还需要具备良好的心理品质，诸如诚实守信、自信心、自制力、变通性、适应力等，这对于成功的求职至关重要。

1. 诚实守信。

唯有真诚才能唤起对方的热诚与肯定。因为求稳求可靠是人类的普遍心理倾向。诚实守信，既是人类所追求的美好品质，亦是用人单位用来衡量求职者的重要标准。无信用的人是不会受到用人单位欢迎的。求职者具有优良品质，在求职时方能真实地介绍自己的经历和恰如其分地表达自己的优势和弱点，这种人格魅力吸引招聘者，使之对你产生深深的好感；反之，弄虚作假，声张吹嘘，只会损害自己的形象，引起对方的反感。这是求职者特别需要注意的问题。

2. 自信与自制。

自信心与自制力是现代人格中的精品，是现代职业最为看重的职业品质之一。有了足够的自信心与自制力才能适应社会工作和生活纷繁复杂的环境；在激烈竞争的环境中，才能奋发进取，勇于开拓，才能开创新的局面；在人际沟通中，也才能落落大方，遇变故之事而不惊，应付自如，才能为组织结交更多的合作伙伴。因此，具有自信心与自制力的人深受用人单位的欢迎。在求职中有了这种品质，会镇定自若、有条有理地表现自我，给人以充满生气、能力较强、适应性好的感受，从而更易创造求职成功的机会。

3. 变通性与适应力。

变通性与适应力，也是现代人优异的心理品质。在求职的职业定向与选择过程中，它同样是十分重要的。没有变通性与适应性，仅诚实与守信，则显得过于迂腐与呆板；没有变通性和适应性，仅自信与自制，则显得过于自负与固执。求职中的变通与适应，是一种良性的转换态度与自我调适。有了这种品质，求职者会积极主动地面对现实、正视现实。当个人的职业定向和愿望与社会需求发生冲突的时候，他可以迅速做出调整，使自己重新在内在因素与外在因素的渗透、撞击中寻求均衡，从而使职业选择向成功的方向趋近。但是如果你缺少变通性与适应力，一味地强调个人的职业意愿，把自我的理想职业目标放到一个不变的位置上，就势必抑制自我调节的可能性，从而陷入一种十分不利的境地。提高这种变通能力和适应能力，是个长期的过程。青年大学生应充分注意这种心理品质的培养。当然，变通与适应又必须以诚实守信、自信与自制为前提，否则，会流于圆滑和世故。

五、大学生求职的各种方式

如前所述，大学生求职就是一种推销自我的过程。推销自我要有正确的策略和方法，要采取有效的方式，才能获得推销的成功。通常有以下几种方式可供求职者选择使用。

（一）自荐式与伯乐推荐式相结合

人才商品不同于普通商品，普通商品不会自我表白，而人才商品会自我介绍、自我推销。自我推销可采用自荐式与推荐式两种方式。当今时代已不是"好酒不怕巷子深"的封闭时代。在激烈竞争的人才市场，自己怯于竞争，不主动求职，就等于放弃进取，自我埋没。勇于自我推销，是有信心、有自主意识、富有独立性的表现，这也正是用人单位所欣赏的职业品质。当然，推销自我还可借助间接推荐的方式。通过伯乐推荐，有时比自荐更令人信服，因为往往是个人自我表白一番，还不如伯乐赞扬半句的作用大。充当伯乐的人可以是自己的师长，也可以是亲朋好友。但伯乐推荐的基础仍是自我推荐，因为由别人代为推荐，仍需要自己首先向伯乐推荐自己并赢得其赏识。

（二）追求式和吸引式相结合

人才商品有智慧，这是它的又一个重要特征。在人才市场可以发挥所长运用智谋向招聘单位推销自己。当你认准了某单位的某一职业岗位，就可以主动大胆地运用智能去追求，这是完全正当的，也是不少求职者经常采用的主动追求方式。同时，由于求职多是双向选择的过程，你情我愿才能拍板成交。因此，求职者不仅要向对方追求，还要对对方产生吸引力，让其反过来追求自己，双方相互追求是最理想、最愉快的推销。要对对方产生吸引力，这必须使人相信，你有一种东西是他所需要的，你拥有的越多，吸引力越大。

（三）初次推销与终身推销相结合

人才商品是可以推销多次的商品，人生就是一连串的推销，初次推销是其中非常重要的一环，它为今后的推销打下基础。初次推销也是相对艰难的，求职者缺乏走向职业社会的经历和经验，有的不善表现自己，常常难以获得最大限度发挥自己才干的合适职业。初次推销成功也并不意味着推销的结束，人才商品是不断增值的特殊商品，个人的知识、才能在职业生涯中不断积累增加，可以不断地向本单位、外单位、向社会推销自己，这是终身不息的推销过程。

（四）语言文字推销与实物推销相结合

推销自己总需要通过一定的传播媒介，而语言文字是其中最常用、也是最为重要的媒介。因此，要求求职者应具备起码的口头与笔头表达能力，以达到有效的求职沟通。在使用语言文字媒介（如自我介绍、求职自荐材料等）进行求职沟通的同时，还可以借以实践成功的各种实物证据（如奖励证书、设计方案、模型样品等）去推销自己，从而使求职更易成功。

推销自己并没有固定不变的模式，求职者要学会多种推销方式，并将之有机结合起来，探索推销自己的最佳方式，从而最大限度地获得求职的成功。

大学生求职的技巧与形象塑造

一、现代职业透视

当今世界，是职业的大世界。走入繁杂的社会，我们会认识和接触许多人，工程师、售票员、商人、医生、采购员等，凡此种种，他们的日常事务，均是职业活动。

千万人的生活，千万职业的活动。

然而我们接触的职业大世界是杂乱的，如果不对它们做出适当的分析与归纳，认识这个世界是无从下手的。

解铃还须系铃人。职业既然从属于社会，对职业的分析与归纳最好从社会出发。一个社会正常运动来自两个主体的作用，一是经济，一是政治，处于两者之中的一些社会调节，简单地统称为社会工作。近年来，我国服务性行业的飞速发展已颇具声势。为了突出这一大家关心的热点，我们把它独归一类。这样，我们就得到关于职业的一个比较科学的概括：行政类职业，企业类职业，社会工作类职业，服务类职业。

（一）行政类职业

政府类职业的工作人员的主要日常工作是处理和领导下级部门的正常工作，以完成上级交给的各项任务，调节好各部门之间的关系，即调节、调度作用。高级政府部门的主要领导人还需要对各级政府部门的经济建设、社会发展及政权建设进行直接或间接的管理，使整个社会机制正常运行。各政府部门的办事员还要善于收集下级意见或建议，以供领导和主要负责人抉择之用，并为他们提供可行的参考意见，出谋划策，或直接在领导的意见指导下起草和修改各种文件，传达各项精神。总之，政府类职业的工作人员所从事的工作是相对其他工作较抽象的，又因为其工作的深度与广度直接影响到本地区其他方面的发展和运行，故其工作又是极严肃细致的。

各级政府部门的工作是在一种特殊的社会环境下展开的。各级政府机构的工作人员都必须面向下级，同时又直接受到上级机构的领导，其办事的形式、内容均受到严格的限制，各级部门一方面在上级政府部门的直接领导之下，另一方面时刻处在国家政策方针、具体文件精神之下；对于下级部门来说，各级部门一方面必须严格完成上级部门对下级所要求的任务，领会上级对下级工作的主要精神、原则态度，另一方面必须正确处理好下级部门的各种具体问题，既不能违背上级意见、精神，破坏原则性，也不能伤害下级部门的积极性，甚至有害上级和自身的领导权威性。又由于它本身是各项权力集中部门。再加上人际关系的现状与传统上复杂性的影响，政府类职业的环境是复杂的，各种关系的处理不当将导致工作的失误，得不到理解，甚至被人落井下石，难以脱身。与此相比，政府部门的自然环境却是比较优秀的。政府部门往往没有实际的经济部门那种噪音及各种污染，没有危险的工作环境，在政府部门，环境往往是安静的、清洁的以及舒适的。

由于政府类职业的特殊性，它对从事该类职业者要求有着比较特殊的素质。政府类职业工作者的素质有：

1. 广博的知识和丰富的实际经验；

2. 能深刻理解国家的方针政策并具有很强的适应能力；

3. 高度的责任感和事业心；

4. 有比较强的综合分析能力，足以比较好地解决下级部门的各种问题，分清工作内容的主次关系、利害关系；

5. 遇事果断，有雷厉风行的作风，不拖沓，尤其对上级布置的任务及时完成，对下级反映的问题尽快解决，以此树立起自己应有的领导形象和威信；

6. 政府类职业要求工作人员有极好的涵养和控制能力，尤其忌讳感情用事和直来直去，应该时时有策略有考虑地办事；

7. 领导者应有很强的组织能力，发挥部属的才能，精于授权，敢于负责；

8. 领导者还应平易近人，团结同级与下级领导，擅长处理人与人之间的关系，能以自己的行动去影响别人，明智和适时地运用自己的权力，不至于伤害部属的感情；

9. 政府部门的工作人员对经济应有适当的了解，对本职工作的范围和内容全面熟悉；

10. 善于发现人才和更新自己的知识结构，以适应经济发展和国家政策。

11. 学习贯彻党的方针政策，并用于指导工作，清正廉洁。

（二）企业类职业

企业是一个相对独立的整体，也有自身的管理机构、生产机构和经营机构，前者往往有：经理、厂长、业务主管、车间主任、生产协调员、科长、股长以及商务代理、公共关系部长等；后者包括有：质量检查人员、采购人员、记账员、会计、统计员、校对员、接待员、售票员、保卫人员、打字员、勤杂人员、工程技术人员及企业普通职工。

作为企业管理人员的职工需要时刻抓住市场、生产规模和投资方向。他们往往要做出关于本公司和工厂某一部门某一时期的生产计划，操作形势，召开会议以劝说和取得同事的赞同和支持；组织委员会，布置任务，或者调动广大职工的积极性，共同商讨企业发展的大计。作为普通的企业职工来说，职业内容通常是常规的、现实的。他们要学会和运用本职工作需要的知识，比如制作和管理账目，操作一台机器等。

企业类职业的社会环境是复杂的，它往往与国家政策、行政干预相联系，不过，随着经济体制改革的发展，这一外部环境的作用正有所减弱并趋向稳定。企业类职业中管理者最大的社会环境是市场，市场经济的建设正逐渐增强企业对市场状况的反馈接收，每一个管理者必须面对生产与消费的双重市场，及时和灵活地为自己的部门抉择生产和经营方向、规模。企业其他职工的社会环境是千差万别的，它主要受所在企业的经营状况影响，良性的企业会提供给职工乐观、希望和信心，以及良好的工作关系，团结友爱的同事氛围。反之，企业职工会感到没有希望，缺乏积极性，共事气氛死板、僵化，甚至敌视。然而，无论企业的经营状况如何，效益好坏，普通的企业职工都要接受领班、车间负责人或者科、股长的领导，完成生产或经营任务。企业类职工的自然环境尽管各有不同，但与政府类职业人员比起来要有所差距。

关于企业类职业的展望：几十年来十几亿中国人取得的共识就是中国的经济必须发展，中国人要富起来、强起来，共同实现中华民族的伟大复兴。未来的世界是竞争日益激烈的经济世界。与以上的大趋势相适应，我国的经济体制改革正努力给企业更大的自主权，把企业交给市场，以锻炼和发展其生存能力，从而繁荣社会经济。未来的企业管理者将会得到更为广阔的天地，更为自由的世界，他们可以充分发挥自己的才能，带领自己的企业和部门走向成熟和发达。未来的经济繁荣归根到底还是战斗在生产和经营第一线的主人——普通企业职员的高层次发展。为此，未来的普通职员也必须不断更新技术，掌握更为先进的知识和本领，以求得企业在社会上的一席之地。由于企业类职业的管理与生产、经营的不同，企业职员的具体素质要求也不一样。

1. 企业管理工作人员通常应具备以下素质：

（1）具有良好的抉择能力；

（2）强烈的责任感和自信心；

（3）具有创新精神，善于接受和运用新的技术；

（4）良好的社交能力，尤其是口头表达能力，善于处理人际关系，能团结下属和调动职工的积极性；

（5）不仅熟悉本职工作，而且通晓企业中的全部业务，以便眼观全局、作出正确的抉择；

（6）良好的进取心，善于运用新管理经验，更新知识结构；

（7）身体健康，精力充沛。

2．普通企业职工应具备的素质有：

（1）精通专业知识，诚实，肯干；

（2）较强的责任心和事业心；

（3）对新的产品和技术有较强的接受能力，能不断加强业务技术水平的提高；

（4）具有一定的社交能力；

（5）要具有健康的身体素质以完成繁重的劳动；

（6）善于发现生产中出现的问题，总结生产经验。

（三）社会工作类职业

社会工作是一个广泛的概念，具有广阔的外延，这一类的职业分布到社会生活的各部门。

社会工作类的职业往往有：研究员、园艺师、广告人员、教师、演员、艺术指导、作家、书画家、导游员、动物管理员、公园服务员、邮政管理职工、社会学者、医生、新闻记者、广播员、律师、交通警察等。

社会工作类职业的人日常的工作是广泛地接触到社会上与本职工作有关的人和事，充分认识和了解需要解决的问题，运用自我能力，比如口才、思想、行动等解决这些问题。与其他职业相比，社会工作类职业对大脑的运用频繁而且时间长。社会工作类职业通常与一定方面的文化有关，比如艺术、文学等，因此工作中人们常常要进行各种繁杂的创造活动。

社会工作类职业面临的社会环境多是本行业的一些具体法律和文件。广告设计和创造必须符合广告法规的条文，律师的职业活动必须以法律为准绳，作家和其他艺术家的创作必须坚持以人民为中心的创作导向，新闻记者和报刊编辑部的活动也要受新闻出版的各项法律规定的约束……由于社会工作类职业广泛而直接地接触到社会生活的各个方面，那么该类职业者必须时刻注意社会道德，公共契约，在有利于社会主义核心价值观和精神文明的范围内合法活动。从事该类职业的人面临的自然环境是各不相同，多种多样的。良好的城市环境和自然条件带给各种社会类职业从事活动的人员以积极、乐观、舒适的心态；而整体的社会发展往往对该类职业的自然环境影响巨大。

社会类工作是比较特殊的一类，它需要从事该职业者具有广泛的知识结构和多方面的才能。

1. 广泛的知识面以适应社会工作的复杂性和应付防不胜防的各种问题、情况。

2. 应有良好的社会交往能力，善于结识人才，运用人才，比如口头表达能力、随机应变能力。进行科学研究的人则要求有敏锐而活跃的思考能力，及时了解新成果、新技术的能力。

3. 富有进取精神，创新精神，思想先进，视野宽阔，善于运用联想，发挥思维。

4. 有强烈的竞争意识、自信心。

5. 有强烈的风险意识，敢做敢当。

关于社会工作类职业的展望：社会工作类职业的发展是伴随着社会全面进步而发展的，新兴职业不断涌现，传统职业不断提升，这对从业者提出了更高要求。从社会发展来看，新兴的职业具有强大的生命力和发展前景，在改革开放的最前沿，这类职业效益常常很好，工资水平普遍很高。随着社会的不断进步和发展，社会工作类职业将越来越受到人们的重视。

（四）服务类职业

服务类职业是改革开放以来逐渐发展起来的新型职业，它常以个体经营的形式存在着。概括地看当今服务类职业，它们有：咨询人员、各类顾问人员、就业指导工作者、个体摄影师、理发师、出租汽车司机、公园服务员、家电维修个体户、饮食类个体户等。

服务类职业人员的工作任务主要是以自己热情周到的服务，满足或支持各类客户的需要。在工作中，职业人员不仅要重视公司或个体本身的经济收入，而且应允满热情，体现经济主体周到的服务。在社会的许多方面，服务类职业分布广泛，从事该项职业应以社会职业道德约束自己，以倡导文明友爱的社会精神氛围。

这一类职业所面临的社会环境往往是国家法律、引导方向和既有道德规范。由于服务对象是整个社会，那么接触的具体客户也是形形色色的，工作人员应充分认识到一点，从而采取与之相适应的正确方式和手段。服务性职业与社会工作类职业的自然环境基本一致。

服务类职业要求有如下的素质：

1. 有一定的思想文化水平，精通本职工作的要点和程序。

2. 有较强的经济意识、竞争意识。

3. 善于交际、热情、温和，能宽容和谅解别人的缺点。

4. 吃苦耐劳，有献身精神。

5. 善于把握市场和人物心态，使服务工作得到双方的满意。

6. 不断进取，坚持锻炼各项能力，以跟上社会和人物心态的步伐的转变。

7. 精力充沛，能吃苦耐劳。

服务类职业的社会环境同社会工作类的环境基本一致，而自然环境有所差别。服务类职业多是个体经济管理下的职业，它的具体环境受经济活动主体的影响很大，资本多、条件好的公司往往环境相对较好，而许多个体私营经济由于缺乏管理，效益不高及诸多原因，环境比较差。

关于服务类职业的展望：同社会工作类型的职业一样，服务行业也是随着社会生活的提高和进步而逐渐发展起来的。社会生活的各方面，我们总有许多自己不能独自解决的问题，我们需要各种咨询、服务。改革开放将带给人们越来越丰富的社会生活，人们的各项活动都希望得到便利的支持和服务。因此，服务类职业的广度和深度将得到进一步的发展，而且由于经济发展的原因，人们会越来越多地把自我解决的问题和需要交给服务类职业者去完成。

二、求职大学生应掌握的求职技巧

(一) 如何制定求职计划

凡事预则立，不预则废。大学毕业生面向社会，求职择业，不应该只是凭借自己的学位学历和专业特长随便找一份职业谋生，求职就业是大学生证明自我、实现自我、为社会尽责的重要方式。因而，对求职择业应持慎重态度，应该为自己未来的职业生涯作一番筹划，拟定一份个人的求职计划，从而使自己的择业行为有序有效。

以下介绍一套确定个人求职计划的模式，供求职者参考：

第一步：确立期望。根据决策理论，下决定前的最重要步骤是清楚所要考虑问题的范围。求职择业亦不例外。择业同样属于一种决策行为，这是它在合理的范围内确定决策的起点。大学生求职者要知道自己快要离开学校，必须在社会上面对新的职责，要进一步仔细考虑自己的教育背景及其他条件，究竟可以容许自己在哪个范围内选择，必须将对职业的自我期待与社会期待现实地对应起来，有了这一合理的支点，其他的求职步骤就不至于成为空中楼阁。

第二步：自我评估。求职是在为自己谋求职业生涯的恰当位置，因此在决定找什么职业之前，要挖掘、确认、评估自己与职业有关的个性特点。求职者需要清楚自己的职业需要、价值观、能力、兴趣、理想和个人的素质条件，以此为基础才能订立正确的职业目标。自我评估，既不能拔高自己，也不能贬低自己。两个极端都会影响自己对职业的合理定向。

第三步：搜索信息。客观全面的"信息源"与"信息点"是求职决断的依据。因此，全方位地搜索信息是求职计划中的重要内容。这是每一个求职者无一例外需要做的工作。从各种渠道收集到信息后，还需要对信息加以处理，在求职计划中加以条理化，明确主次、真伪和有效性。

第四步：拟定目标。综合各种信息、确认后，根据实际的几种发展方向和可能性，深入品味多种可能性的后果，细细考虑适合自己、有实现可能的职业目标，从中初步选定求职的最理想目标、基本目标和参考目标，有了富有弹性且层次分明的目标结构，求职也就有了主攻方向和努力方向。

第五步：实施方案。求职不仅需要战略构思，更需要计谋策略与实际步骤。因此，具体的实施方案是求职计划中的关键环节。拟定行动方案是个具体复杂的工作，它包含着多种可能性的因素，需要考虑时间因素、环境因素、竞争对手情况，有无"门路"可以引荐，用人单位用人指标情况等；还要考虑需要做哪些具体准备，如物质准备，服装、自荐材料、证书、介绍信、推荐材料、作品等；心理准备，如精神状态的调整、挫折难题的心理承受、取得成功的毅力与韧性等。总之，行动方案拟定的基本原则是：有针对性、全面性、可行性。

最后，对求职计划还需要根据求职实际进行相应的调整，因地制宜、因时制宜、因人制宜，使之富有弹性，以保证求职最有效地进行。

（二）注意求职应试中的心理控制

参加面试的求职者，都会不同程度地产生紧张、惶恐、羞怯等消极性心理情绪，当这些消极的情绪占了上风，求职者失去了自控的力量时，就会出现慌慌张张、思维混乱、张口结舌、面红耳赤、不知所云的慌乱局面，如此这般，势必影响自我推销的成功。许多求职者失败，并不是他不能胜任某种岗位，而是由于过度紧张等消极心理的困扰，使之临场发挥失常，使招聘者对其印象不佳而造成的。

求职者在消极心理面前不是无能为力的。消极心理是可以抑制和克服的。心理学家对此提出了一些具体的原则和方法，可以帮助求职者消除应试中的消极情绪。控制紧张情绪的方法一般有三种：即转化控制、冷静控制和环境控制。

1. 转化控制。

所谓转化控制是充分利用兴奋与抑制的诱导规律，使一时产生的消极情绪体验被某种强烈的兴奋所代替而受到抑制甚至完全消失。比如说，求职面试前，求职者由于把面谈的事看得过于重要，对应试的结果忧心忡忡，心理负担过重而产生紧张的情绪，临进考场时腿如铅重，心绪跌宕，脑子一片空白，兴奋点集中于应试成败得失这一点上。对于这种情形，需要求职者有足够的自控力，可怀着"豁出去了"的心理投入面试，与其考完了后悔，不如临战尽量一搏。这种心理转换的结果，使原有的兴奋点转移，紧张的情绪松弛，积极进取心理状态得到扩张，从而达到转化控制的效果。

2. 冷静控制。

所谓冷静控制是使强烈爆发出来的消极情绪处在消极性抑制状态下，然后达到控制自己消极情绪的目的。当面试时，出现诸如紧张、惶恐、羞怯等消极心理，求职者需要谨慎和冷静，最重要的是不能让这些消极心理情绪蔓延和扩张，这些情绪持续时间越长，危害越大，如果成为应试时主导的心理情绪，必然会导致此次求职的失败。冷静控制是冷静地将消极情绪以渐缓的抑制方式自我控制在最短时限内的方法。冷静控制情绪必须有较高的文化水平，有坚强的意志。冷静控制还可用机械性的方法作自控，如咬紧嘴唇，手捏肌体等，这种动觉刺激在大脑皮层能引起强烈的兴奋，对已有的情绪兴起负诱导作用，从而达到冷静自己情绪的目的。

3. 环境控制。

环境控制是利用环境来控制自己的情绪。心理研究表明，环境的条件好坏、变迁等因素对人的情绪转换起着一定的诱导作用。比如对某一环境是否熟悉，是否有过体验，对人的心理稳定性有直接影响。熟悉的环境、多次重复过的环境体验，可以增强人的自信与稳定。因此，求职者根据这一规律，在面试时可以预先和提前到达应试场所，熟悉环境，可以增强信心及对消极心理的抵抗力。

这三种控制方式是相互联系的，在使用时应将它们有机结合起来，灵活运用。除此之外，还有许多克服消极情绪的具体策略，如进行积极的自我暗示、掌握说话节奏、调整呼吸、主动承认紧张等，求职者应根据应试实情，有效选用。

（三）注意求职中对决策者的首因效应

在日常生活中，人们都有这样的经验，当与一个陌生人接触时，在没有任何关于对方背景材料可以参考的情况下，我们首先注意的是对方的细节，如对方的表情、姿态、身材、仪表、年龄、服装等，并根据这些细节作出判断，形成对对方的最初的主要印象。这种比较重视前面的信息，据此对别人下判断，而在最初的印象形成之后，对后来的信息就不重视或后来的信息受到开始的信息强烈干扰的现象，就是社会心理学所说的首因效应（或称"第一印象"）。首因效应在人际沟通和社会交往中，是较容易发生的一种认知偏差。

由于首因效应，在双向选择中，求职者同招聘人员第一次见面时，个人的面容、仪表、言谈、举止、风度、气质、知识含量、反应速度等，均会给对方留下一种最初的感觉印象。因为是最初的、首次的，所以新鲜、引人注目，容易被对方记住。又因为是以观察到的感觉形象为主，所以很容易引起人们情绪上的反映，即喜欢或不喜欢，感兴趣或不感兴趣。在这种第一感觉、印象的支配下，对对方的进一步认识，也常常不自觉地受第一印象的影响。这种影响有时虽然是有偏差的，但要克服也绝非易事。在这种偏差认知的干扰下，会使有真才实学的毕业生不能找到合适的职业，而有些才学不实的人却得到重用。这就要求大学生不仅要学好本专业的知识和技能，而且还要学点心理学的知识，善于运用心理策略进行求职沟通。

了解了人类认识中首因效应对求职沟通的心理效应，对求职者可以有新启发。

1. 要设法给人留下美好的第一印象。

行为主体的仪容、举止、谈吐、衣着等都是构成第一印象的重要因素。因此，在校期间就应养成良好的习惯，注意个人修养，做到仪态优美，端庄大方，衣饰整洁。一举手，一投足，均能给人留下好的印象。习惯成自然，当与用人单位招聘人员首次会面时，你良好的表现，优雅的个人风采，必会受到招聘者的喜爱，引起他的兴趣，从而使求职获得第一步的成功基础。

2. 要避免完全用第一印象去判断认识对象。

因为第一印象一旦获得，常常会成为妨碍更客观、更全面、更深入地去认识对象的障碍。以此作为唯一的判断标尺，对对象的认识会失之偏颇。因此，求职者在求职时，应从不同角度、多方位地获取有关用人单位的信息，不断修正第一印象，充实第一印象，使认识全面、客观、正确。

（四）注意调整自己的择业心理定势

人的活动，总是在一定的心理状态上展开的，心理状态如何将会严重地影响信息接收、态度变化和行为举止。这种心理状态被心理学家称之为定势。所谓定势，是主体整体的动力状态，是对某种积极性的准备状态，这种状态是由主体的需要和相应的客观环境两个因素决定的。定势心理是心理活动的准备性，它在人们的认识活动中起着指向性的作用，它使人们主观刺激的知觉反应迅速，并带有一定的方向性，人们正是据此而认识现实、改造现实，使人们容易从主观态度出发，收集信息、处理信息，使客观的知觉染上主观的色彩。

从心理学的理论上认识了定势心理的本质与内涵，有助于我们认识求职中心理定势的实际社会效用。

1. 定势心理是人类普遍的一种心理，其社会效应也必然具有普遍性，必然会对大学生的求职和行为产生影响。

心理定势发生作用的内因是人类基于本能行为及遗传而来的"共同心理参考原则"。该原则是指人们判断一个事物的参照构架，它决定了人们的知觉选择性以及归因的方向。因此，"参照"虽是无形的，不成文的，或是非正式的，但却制约着公众的行为，或为存在于公众中的一种无形的影响力。

如一个时期公众共同趋向着某一社会价值目标，就会成为这个时期人们行为的一种选择的趋向、行为参考或影响力量。20 世纪 80 年代后中期择业"公司热"，就是定势心理导向作用的典型例证。追求高待遇、追求现代工作方式的社会职业时尚，是一种定势效应，它唤起求职者心理认同的热情，驱使求职者采取趋同的实际求职行为，在这种定势导向下，一些与公司业务无直接专业联系的毕业生，也盲目放弃所学专长与技能，去选择独资、合资及其他实业公司，以获得与时代价值评价导向相一致的职业。

2. 定势心理会从选择者和被选择者两个方面对求职择业产生实际影响。

定势心理既然是人类共有的普遍心理，那么，在毕业生与用人单位两方面都会有各自一定的心理特征或心理定势，因此，它必然会从选择者和被选择者两个方面对求职择业产生实际影响。毕业生在择业问题上的定势心理具有复杂的表现形态，其职业定向、意愿、期待等都有心理定势的作用，显示着择业者的主观色彩。因此，当与现实相联系时，就会发生主观与客观是否一致的问题。而用人单位招聘人员同样会受到心理定势的影响，在选择和使用人才时，有自己确定的心理期待、评价方式和选择意愿，并且亦带有浓厚的主观色彩。

求职者应充分认识这一心理现象和规律，把握心理定势产生作用的多样化的表现形态（如社会刻板印象、首因效应等），从而更有效地进行求职择业。

（五）注意招聘中的晕轮效应

晕轮效应是社会心理学中社会认知的一个重要结论，它是指认知主体对认知对象的一种偏差倾向。比如说，当一个人对另一个人的某些或某一方面的主要品质有了好印象，如认为此人诚实、自信、乐观、聪颖之后，就会对他的缺点"视而不见"，认为他一切都好。反过来，也是如此。人的认知中的这种现象，就好像刮风天气之前晚间月亮周围的大圆环（月晕，又称晕轮）一样。月晕是月光照在带水分的空气上造成的一种特殊的光学效应。因为这种效应，而使人们认识不清月亮本身的模样了。光晕现象的产生会影响人们的识别能力，使人们对事物的本来面目产生模糊。心理研究表明，人的心理活动中有时会出现这种现象，从而使客观情况在人的感受中得到不正确的反映。

　　晕轮效应是人类认知经常而不自觉地重复的认知偏差，在大学生求职的双向选择过程中，用人单位的招聘人员，都无一例外地受其影响。

　　晕轮效应是招聘者普遍具有的一种心理作用。虽然晕轮效应是一种以偏概全的认知偏差现象，然而在招聘过程中，不可能作长期深入的了解，这种效应是无法避免的。在这种效应的影响下，求职应聘往往会出现这样的情况：即应聘者某一方面的素质十分优异突出，并受到赏识，将会起到一俊遮百丑的特殊效果，大大增加了求职成功的可能性。因此，求职时，应了解晕轮心理的心理反应效果，利用这一心理现象，突出自己的优异素质，并给招聘者以强烈的良性刺激，赢得对方的赏识，造成目晕的效果，这对求职成败影响甚大。当然，这并不是去弄虚作假掩盖自己的缺陷，而是要善于运用求职技巧，善于表现自己，善于将自己的突出之长突出出来，让招聘者了解和赏识。

　　北京某学院贸易专业的一名学生在咨询招聘会上，主动用英语与一外事单位的招聘者交谈几句之后，马上递上了用计算机打印的两份简历，中英文各一份，此举引起对方极大的兴趣。外事单位首选条件是英语水平，这位求职者在不到几分钟的时间就恰到好处地亮出对方偏爱的绝招——通晓英语。这就像一圈晕轮，给人以辉映的作用，使招聘者不由自主地产生强烈兴趣，由赞赏到最终接纳，甚至忽略了求职者其他方面的某些欠缺和不足。

　　晕轮效应的认知偏差，有时还会给人们认知带来消极影响的一种直接结果，就是在人际沟通中一种相当普遍的社会心理现象——偏见。有偏见的人，常常会"抓住一点，不及其余""先入为主，固执己见"。要克服偏见，摆脱晕轮效应的偏差干扰，必须把客观的观察作为正确认知的第一要素，如同赫胥黎所倡导的，"要像一个小学生那样坐在事实面前，准备放弃一切先入之见，恭恭敬敬地照着大自然指的路走。"从而，在求职过程中，进行正确的职业认知和选择判断。

三、塑造成功的自我形象

你若要树立起成功的形象，那么，你首先就要有良好的自我形象。自我形象不佳，就无法使别人信服，也无从谈及成功的形象。你或许能骗别人，可只是暂时的。"丑陋"的形象很快就会使别人难以相信你。可见，树立一个成功的自我形象是很重要的，特别是想要在别人心目中留下好的形象，并获得自我推销成功的时候。

不管你是怎样的一个人，你想获得什么样的职业，一切都将受到你的形象的影响，你的成功感、幸福感依赖于此。形象的好坏，既然对求职是否成功的影响如此之大，你就应该为此而树立一个良好、成功的自我形象。具有高层次文化素养的大学生完全能够自主地选择塑造自己的形象。要取得求职的成功，首先就应从自己开始做起，否则，你的形象就建立在不牢固的基础上，最终只会是空中楼阁。

任何一名运动员要取得竞技的胜利，必须有获胜的信念。要获胜，你首先要相信自己会成为胜利者，要相信自己有这个实力。成功的选手，总是充满自信，他们总是干他们能够干的事。求职成功亦是同理。

在求职竞争中，一个有充分获胜信念的求职者就能战胜没有这种信心的对手。失败的天平倾向于没有成功的信念、没有成功的自我形象的一方。当然，成功的自我形象只有信心还是不够的，它必须通过努力奋斗才能取得。如果认为成功者是他成功之后才有了成功的形象，这只是一种肤浅的见解。

在取得成功之前，就要树立起成功的形象。而且，有几点必须注意，在你树立成功的自我形象的道路上，你首先要抛开你自身的恐惧感。若用正确的观点去分析问题，恐惧、担忧就不会出现在头脑中。失败的可能是最为普遍的问题，但在进行过程中，在心中不应接受这种失败的概念，不要进行失败的消极心理的暗示，你不必害怕失败，不必为此背上包袱，从而把所有的精力都投入到积极争取成功的奋斗之中。

其次，要培养为建立成功的自我形象所必需的信心，你就得认真地加以准备，以实际行动来证明自己是有实力的、出色的，是值得接纳的、有价值的。有真才实学是最光彩的自我形象，大学生的职业准备，正是为自己塑造这一最光彩的形象，这需要全心全意地投入，把整个身心都融合进去，这样你才会树立起成功的自我形象。

成功的自我形象将对你的一切产生巨大影响，包括你的外表、你的感觉、你的行为，等等。大学生求职者为树立成功的自我形象，必须做出相应的努力，不断地剖析自己，发现自己的优缺点，从实际出发，不断完善行为方式，以追求自己向往的目标，去树立坚实的、成功的自我形象。应当坚信自己的优点总是大于缺点的，不断地挖掘自身良好的品质，并对自我充满信心，你塑造的自我形象，必将是成功的，终会为用人单位所悦纳。为此你应注意如下几点：

（一）注意仪表

仪表是大学生自我形象的重要层面。仪表形象主要是指一个人的仪容与体形，它是由个体生理特征和服饰共同构成的一种直观的外在形象。仪表之美是人类的天然美。"人类也是依靠着美的规律来造型"，这是马克思的发现。重视仪表美是人的一种天性。具有仪表美的人为自己赢得了获取成功的最初机会，因为现代社会中人们习惯用美的标准来观察人、评价人、选择人。

人们对他人的悦纳，以及社会对某种社会角色的录用，都有种种条件，在这些条件中最直观、最简单、最不需要过多时间考察的就是仪表。

容貌是为人所喜欢的最有代表性的属性，在其他条件相同的情况下，仪表美的人总是受人喜欢。"仪表美是推荐自我的资本"，这种说法在某种意义上是有道理的。

据求职专家调查，大约有15%的招聘者把应聘者的外表看成是决定录用与否的非常重要的因素。一位在大百货公司任职的人事主任就说："宁愿录用面含笑容的仅有小学毕业文化程度的女孩，也不愿录用脸如扑克的哲学博士。"尽管人们清楚以貌取人失之肤浅，但他们仍然会固执地把这种录用标准放在一个并非次要的地位。

一个形象萎靡不振的人，肯定少有机会被委以重任。通常情况下谁会喜欢那些形迹猥琐、贼眼鼠目、衣冠不整、俗不可耐的人呢？何况，人之外表形象与其内在形象还有一层不可割裂的联系。

仪表对于每个人来说，尤其是对大学生求职者来说，是十分重要的。它是人赤裸裸地暴露于他人，并受他人评价、引起他人情感的特征。求职者有的因此而受悦纳，有时也因此而遭拒绝。既然如此，每个求职者完全有必要关心作为自我形象有机组成部分的仪表形象。意识到仪表形象的重要性，我们就应当力争以高雅、潇洒、生动、迷人的形象，来丰满自我、美化自我。

为了获得高雅、潇洒、生动、迷人的仪表形象，大学生求职者应当有意识地打扮自己、修饰自己。既然"以貌取人"已成为一部分人的识人习惯，并在招聘择人过程中产生实际的选择作用，而求职者在短时间内又无法迫使对方放弃这一偏见，因而，要成功地推荐自我也不妨将计就计，投其所好，改变一下自己的仪表形象。当然一个人的相貌、身材等是很难改变的，但一个人的穿着打扮经过努力却可以大为改观。故此，衣着是求职者改善仪表形象的主要方面。

那么，如果仪容形象确实不佳又该如何呢？只要你能充分展示自己天然的、朴素的天性，这本身就是会产生魅力的仪表。一位哲人说过："质朴最美，质朴给人力量。"近年来以形象取胜的电影界，出现了以葛优为优表的一批"丑角"男演员，他们异军突起，成为影视圈内的风云人物，他们活力洋溢、充满自信，以轻松自如、诙谐调侃、平凡自然的姿态走入观众，却给观众留下了难以忘怀的美好印象。这对于那些自以为仪表不佳的求职者来说是否会有些启示呢？

（二）注意风度

风度是指一个人的风貌仪表和举止态度。《晋书》有"风度宏貌，器宇高雅，内弘道义外阐忠贞"的记述，《后汉书》说赵壹"体貌魁梧，身长九尺，美须豪眉""名动京师，士大夫均想望及风采"。可见，所谓"有风度"

"风度美"不仅指人的相貌堂堂，同时也指一个人的精神、气质、品格的外显表现，因此风度实际包括精神状态、仪表礼节、行为态度和言辞谈吐，它实际上反映出人的道德、品格、性格气质、学识教养、处世态度等。显然，风度美的形象既包含有外在行为显示特征，又包含个体内质特征，它属于一种综合性、多层面的形象总成，往往具有极富感染力的慑人魅力，它调动了自我表现形象的多种手段，在人际沟通中的作用是非凡的。有人说："高雅的风度是通向朋友心灵的畅行无阻的护照。"这是每位渴望择业成功的大学生朋友都值得拥有的"护照"。

求职者若想塑造美的风度形象，首先必须了解风度美的构成及多种表现途径。具体说来，风度美包括以下内容：

1. 饱满的精神状态。

饱满的精神状态是获得好感的重要因素。要有良好的精神面貌，首先要充满热情，像一团火富有感染力。一个人神采奕奕，精力充沛，可以表现出自信和富有活力的风度。

2. 诚恳待人的态度。

平等待人，为人处世豁达大度，所有这些现实生活中的作法与表现，都体现着行为者诚恳、坦率、豁达的风度之美。

3. 受人欢迎的性格特征。

性格与风度密切相关，不同性格的人，会有不同的风度美。如有的人性格文静，其风度就显得淡雅、恬适、文质彬彬；有的人性格开朗，其风度就显得洒脱、活泼、挥洒自如；有的人性格刚强，其风度则显得粗犷、豪放、叱咤风云，等等。因此，要塑造美的风度，必须扬己之长，克己之短，努力完善自己的性格。

4. 幽默文雅的谈吐。

在语言交际范围内，能最有效地体现人的风度美的言谈：一种是富有思想深度的言谈，一种是富有幽默感的言谈。以思想的深度动人，会给人留下睿智的印象；而妙语如珠、令人捧腹的诙谐而幽默的言谈，同样是接通人与人之间感情的热线。幽默与深邃显示了行为者充满理智、乐观豁达的高雅风度。要想使自己成为一个具有吸引力的人，提高语言水平是不可忽视的方面。

5. 洒脱的仪表礼节。

洒脱或潇洒是人类精神自由的一种表现方式。它不仅仅是一个人良好仪表、姿态、举止的外在表现，更是一个人具有良好心理素质和文化素养的内在体现。洒脱的仪表礼节，是一种开放的个性显示，是自信的外化，是对现实的一种泰然的迎接与适应。一个人风仪秀整、俊逸潇洒，就能使他人产生"有风度"的良好评价。

6. 适当的表情动作。

优美的身体语言，如自然笑、音调语气、举手投足等温文尔雅，恰到好处，也能表现一个人的风度。

风度形象的表现可以通过多种方式，而优雅风度的塑造则是行为者的一个"系统工程"。这一系统工程包括个人的品格修养、知识素养和良好行为习惯等因素的融合，它在人的行为实践中展现，也在人的行为实践中培养。它需要追求风度美的大学生做出长期和艰苦的努力。

（三）注意语言

语言是人类交往沟通活动的基本工具，人们靠语言交流思想、传递信息、表达感情。人活着就要说话，只要说话，你就在用语言为自己画像。文明的语言树立人文明的形象，雄辩的语言树立人雄辩的形象，机敏的语言树立人机敏的形象，幽默的语言树立人幽默的形象，虚伪的语言树立人虚伪的形象……古人道：言如其人，文如其人。古语清楚道明了人之语言与自我形象的关系。

"语言是人的力量的统帅"，语言是展现自我形象魅力最重要的手段之一。一位心理学家把语言称之为"我们的开路先锋"。运用语言这种最重要的工具进行交际的过程，也就是人们将信息经过编码、发出、传递、接收、翻译的过程，而这一过程又是在不间断的过程中连续完成的，实际上，这也是展示语言表达者个人形象风采的过程。在绝大多数场合，人们通常总是用语言来开路，并通过语言来交流感情、融合关系、表达思想。因此，每个大学生求职者在塑造最佳的求职形象时，必须注意语言形象的作用。

运用语言艺术塑造自我形象，首先，需要注意表达思想的准确性。"语言是思想的直接现实"。思维的一切形式和内容只有通过语言表达才能使人们理解和认识。在求职中，求职者的语言表达如果不能准确地传导出求职者的思想，而是模模糊糊，虚浮唠叨，必会引起招聘者的不良心理反应，从而影响择业成功。其次，要赋予语言符合以人类情感。"感人心者，莫先乎于情。"英国宣传理论家弗雷尔说，如果在某一信息中缺乏影响人情感的成分，那么，这种信息只能属于教育活动的范畴。在求职沟通中，情感应当是语言符合传递的重要信息内容之一，同时，语言符号又应当是表现情感的主要载体。正像普列汉诺夫在《论艺术》中指出："语言对于人们，不但只是表现他们的思想才有用，一样地为了表现他们的情感也是有用的。"

那么，怎样使自己的语言富有情感色彩呢？这里有两个简便易行的方法：

1. 选择褒义感情色彩的词汇。

诸如"您""您好""请""谢谢""对不起"等，在人际沟通中，这些词汇不仅表示它们的理性意义，同时也负载着极浓的情感成分，是维系良好人际关系的"润滑剂"。

2. 通过语音变化来表现情感。

语言情感特征的语言表现化，主要是指有声语言。有声语言的表达是以声传意、以声传情，对话人说的每一句话，在表意的同时，也把语调的高低、语速的快慢、语音的轻重、音量的大小、语气的徐疾等具体形态直接展现在听者面前，有声语言的情感内涵是非常丰富的。因为，人的喜怒哀乐，一切骚扰不宁、起伏不宁的情绪，连最微妙的波动，最隐蔽的心情，都能由声音直接表达出来，而表达的有力、细致、正确，高低，人们通过被观察者的外在形象是可以作出判断的。在这种判断中，人们更注意人的行为，因为行为是受人的心理、文化和道德素养等内在特质操纵和影响的。培根曾说道:"在美的方面,相貌的美高于色彩的美,而高雅合适的动作美又高于相貌的美。这是美的精华,是绘画所表现不出来的,对生命的第一印象也是如此……"普列汉诺夫也告诉过人们这样一个真理:"活人的美是更可爱的,其所以可爱,是因为他具有生命,具有活的灵魂。"而达·芬奇说得更透彻:"精神应该通过姿势和四肢的运动来表现。"动作是活人做出的,因此,人们有理由希望它是最美的。这也正是每个求职者应当注意自己动作行为的形象效果的重要根据。

需要指出的是,求职者个人的行为是在一定的社会环境中产生的,且对社会环境产生一定的辐射力,因此,个体的行为必会受到社会舆论的评价。这就使得个人行为形象的好坏并不完全取决于个人的主观愿望,而是人的行为与一定社会环境相互作用的结果,并受社会规范、社会需要、社会心理等因素的制约。只有当人的行为符合社会规范,适应社会需要,体现社会特征,与社会大众心理相容时,其形象才能得到社会的承认和认同。用人单位只可能悦纳社会化了的大学生求职者。

公共关系行为的原则要求对求职大学生良好行为形象的塑造有积极的指导作用。它要求行为者应具备公关行为意识,如形象意识、合作意识、时间意识、道德意识、法律意识等,在实际行为中,应尊重他人,能够处世融群,具有分寸感和较强的适应力与变通性,真诚守信,文明高雅。达到或接近了这种理想的行为形象目标,则不难受到用人单位的垂青。

(四) 注意具体行为

大学生求职形象如何,看起来似乎是主观的东西,是招聘人的主观印象,实际上是客观的,是大学生的行为产生的效果。北欧联合公司一位公关经理在培训班中向学员讲解什么是公共关系时,用了这样一个比喻,他说:"好比一名青年追求伴侣,可以用许多办法,大献殷勤就是一种,这不算公共关系,而是推销。努力修饰自己的外貌和风度讲究谈吐举止,这也是一种吸引人的办法。不过,这也不是公共关系,而是广告。如果这位青年经过周密的研究思考，制订出一个计划来，而且埋头苦干，以成绩来获得他人的称赞，然后通过他人的口将对自己的优良评价传递开去，这可就是公共关系了。"这个比喻告诉人们，美好的形象不是靠表白，而是靠自己的卓越行为。

从生理学角度说，行为就是包括脸部在内的身体各部位做出的动作，这些动作可以是有意识的，也可以是无意识的。人们的抬手举足，一颦一笑，都会给人持久的印象，并产生意想不到的沟通效果。行为动作对人的造型是不可等闲视之的，它是你告诉人们你是谁、你是某人的一种无声语言。

（五）注意你的智慧

"使人发光的不是衣上的珠宝，而是心灵深处的智慧"。这条西班牙谚语道出了智慧对于一个形象的重要性。一个人形象的魅力，通常是行为特征和内在素质的综合体。美国心理学家 G·W·奥尔波认为，人的形象魅力是"受诸多因素影响而形成的一种动力"，如内在涵养、素质等，也包括人的智慧。而在个体所有的形象层面中，智慧是最光彩夺目的。睿智者的形象必是灿烂炫目的。无怪乎我国古代有"智如泉源，行可以为表仪者，人师也"的说法。

智慧是人类的基本形象。智慧反映着人的聪明才智，或称智力、智能。具体来说，智慧反映的是人们认识事物，并运用知识解决实际问题的能力，集中表现在反映客观事物深刻、正确、完全的程度上，以及应用知识解决问题的速度和质量上。智慧的表现方式主要如观察、记忆、想象、思考、判断和创造。在现实生活中，我们常常发现，聪明、富有智慧的人更讨人喜欢，而具有较高智能的人的形象亦具有一种特殊的感召力。对求职的大学生来说，智慧既是改变世界，又是改善自我形象的钥匙，好的品行加上睿智，将为自己的形象增添熠熠光彩。

智慧不仅构成人的自我形象的内质层面，同时，对改善自我形象又是一大法宝。智慧是成功自我形象的基石，在当今注重智力开发的时代里，必须提高自己的智能，跟上时代的脚步，除此之外你别无选择。那么，为自我形象赋予光彩的智慧形象如何培养和塑造呢？智慧属于每个人，人人都可以成为智者。要获得智慧，需要有知识作为基础，知识是培育智慧的沃土。而知识的拥有，则需要人们博闻强识，广泛阅读，深入社会实践"读无字之书"。

郭沫若认为："形成天才的决定因素应该是勤奋。古往今来有成就的人并不都是天资高，有许多天资差的人通过勤学苦练也做出了很好的成就。有几分勤学苦练，天资就能发挥几分。"的确，智慧的获得很大部分来自勤奋，勤能补拙。而大学生有良好的学习环境，只要你能认真勤奋学习，就一定可以成为智者，并进而改善自我形象。

美国教育家林格勒经过多年研究提出了智力超常者的行为特征，大学生求职者在塑造智慧形象时可以参考对照：

1. 是一个好学不倦的人。

2. 能非常机敏地回答问题的人。

3. 数学成绩突出的人。

4. 有广泛兴趣的人。

5. 喜欢自己一个人工作的人。

6. 对自己有信心的人。

7. 用创造性的方法解决问题的人。

8. 具有创造性思维，善于洞察事物之间的联系的人。

9. 有丰富多彩的语言的人。

10. 能讲富有想象力的故事的人。

11. 具有成熟的幽默感的人。

12. 是好奇好问的人。

13. 仔细地观察事物的人。

14. 急于把发现的东西告诉别人的人。

15. 遇到新发现，出声地表示兴奋的人。

此外，求职者在塑造语言形象时，还需要特别注意形成自己的语言风格，或幽默，或动人，或稳健等，有了自己的表达风格，可以使自己在众多的求职竞争对手中，脱颖而出，分外醒目，以给招聘者留下强烈印象。当然，语言艺术是个博大精深的领域，其运用技巧也是丰富多彩的，求职者应在实践中活学活用，注意总结，掌握了这门艺术将使自己受益无穷。

四、选择职业应注意的问题

（一）专业特长与职业选择

每个毕业生都有自己所学的专业。专业是学生之长，是就业的基础条件。大学生在校学习的专业，可以说，基本确定了未来职业的方向。毕业生所学专业如何，直接影响就业成功率，是求职择业的一个极其重要的因素。

国家在引导毕业生求职择业时，有一个基本原则，那就是"专业对口，学用一致"。如在师范院校就读的毕业生，原则上应当充实到教育行业，医科大学毕业的学生则应当在卫生系统就职等。高等院校的专业设置正是根据社会需要而确定的。但是，社会实践是不断发展的，社会实践的需要也是在变化的。

社会职业岗位的实际需要更是纷繁复杂的，大学时代的专业设置，不可能囊括全部的社会职业要求，再加上不同专业的毕业生对自己的专业是否热爱、职业定向是否符合个人实际等一系列复杂变动的社会变化，使大学生所学专业与实际职业定向和选择往往产生背离，就出现了专业未必对口、学用未必一致的择业现实。如师范院校的学生，其中对所学不感兴趣的毕业生，希望通过毕业就业和自我选择，能到非教育系统就业，由此而引发了自身所学专业和实际择业与就业的现实冲突和矛盾。

要解决由于专业与择业现实不协调导致的择业烦恼，可以从下述三个方向努力：

1. "冷门"专业毕业生求职烦恼的缓解。

要解决因专业滞销而引起的烦恼，问题的核心是解决就业门路。"冷门"专业的毕业生社会需求量少，就业机会有限，要想缓解就业烦恼，关键在于把握就业的机遇，万万不可坐失良机。因此，要求"冷门"专业学生，在择业过程中要善于把握自我，一有就业机会，就要当机立断，良机若失，后悔莫及。

2．"热门"专业毕业生求职困惑的解除。

"热门"专业相对于"冷门"专业而言，社会需要量大，就业机会多，学生选择余地大。其择业难度较轻，而求职困惑主要在于对专业、事业、职业、家庭、地区、经济等多种关系的处理问题上。要解除这一困惑，关键在于抓住主要矛盾。只要求职者把事业放在首位，以事业为重，其他问题就会迎刃而解了。

3．解决学非所爱这类学生的选择问题。

关键在于把握自己，以现实的态度对待择业。首先要考虑转行的可能性。若政策许可，转行从事自己热爱的事业未尝不可，但对于政策规定分明的专业，不应不顾现实、超越现实而想入非非、自寻苦恼，要努力培养专业兴趣和专业思想，以便尽快有效地胜任职业任务。其次要充分权衡转行的利与弊，切勿感情用事而贻误事业和前途。

（二）家庭因素与职业选择

家庭作为社会的细胞，对人的社会化产生牢固影响。特别是在我们这样一个家庭伦理观念深厚的国度，家庭更是与每个人息息相关，时时牵动着自己的情感，影响着自己的人生。

子女的择业不仅是他们个人的事情，也是整个家庭的事情，还由于目前大学毕业生的年龄构成普遍偏低，其职业定向与选择就不能不受家庭因素的影响。有的求职者考虑父母年迈，又无人照顾，自己应回到父母身边；有的考虑自己在父母身边生活多年，周围又有亲朋好友，自己今后工作便当；有的希望借助父母的权势或社会关系，帮助自己谋得较理想的职业岗位；也有的家庭认为，自己的子女在身边工作放心一些，则要求子女到家庭所在地求职就业等等。

对于择业中的家庭因素，无论是大学毕业生本人，还是其父母亲友都要正确对待，把家庭因素放在一个适当的位置，而不应使之成为择业的障碍。

　　从大学生的角度而言，处理家庭问题，应从实际出发。一方面选择职业要根据自己的志趣、理想和条件，考虑自己的未来发展前途，体现选择职业道路的独立性和自主意识；另一方面也要尊重国情，重视家庭问题，对于自己的职业去向，应该与家人多商量，听取他们的意见，把自己选择这一职业的理由向家人讲清楚，并征得家人的同意或理解。

　　如果自己的职业愿望与父母的想法发生冲突，应平心静气地与家人商议，切莫使矛盾激化，争取父母的谅解和支持，从而愉快地走向工作岗位。同时，特别需要指出的是，大学生在择业时，切不可依赖家庭，依赖父母，或依靠父母的权势及走后门拉关系获得职业岗位。此外，如果家庭确实有困难，如父母年老体弱，身边没有兄弟姐妹或其他人照顾，这样，在选择职业时应根据实情，可选择家庭所在地或离家较近的地区求职就业。

　　从父母家人的角度而言，应该尽量在子女择业时起有益作用，而不要起消极作用。首先，不应对就业期望过高，一旦不尽如人意，就责骂子女，从而加重了他们的心理负担；其次，不要用社会择业的不正之风影响子女；最后最重要的是尊重子女们的选择，允许子女选择适合自己的职业，对他们的志趣和选择要积极引导，充分了解、理解子女，帮助他们摆脱家庭因素的影响，要让他们放开手脚、大胆地选择职业，实现他们的愿望。

　　（三）"个人问题"与职业选择

　　临近毕业，已有恋爱对象的大学生在选择职业时，就多了一种考虑因素。"个人问题"在一定程度上影响和制约着职业定向和他们行为，这是有恋爱关系的求职大学生不得不正视的一个实际问题。

　　毋庸讳言，恋爱现象在应届毕业生中绝不是极个别的情况，为数不少的大学生在校期间就已开始恋爱行为，到了毕业时已确定了较为稳定而公开的恋爱关系，也有的正处在恋爱开始的阶段。他们的对象可能是同校同届学友、低年级学友，也可能是外校学友，甚至可能是外地、家乡已工作的知己。无论是哪一种情况，在毕业求职时，求职者都要考虑对方的意见，考虑对方的具体情况，考虑两人关系的未来发展。这就使这部分大学生择业时多了一种心理困扰。

有"个人问题"的求职者要正视社会择业机制的现实和个人条件的现实，在解决个人问题时，不应一味强调社会对个人的满足，在择业时，应与意中人多加商量，考虑将来面临的种种困难，以切实的态度对待个人问题。

从这类大学生择业结局的现实来看，谈恋爱的大学生有的以事业为重，暂时分在两地，经过一段艰苦的"牛郎织女"生活，通过调动、报考研究生等方式最终解决两地分居问题；也有因感情基础不甚牢固，面临分配的实际困难，而分手两地；也有的一对恋人情深意笃，双方均能实际考虑问题，没有一味地奔往大城市，有许多人奔向新开发建设亟须人才的地区求职就业，又实现了幸福的团聚。

大学生的职业选择是在一定的社会环境里展开的，社会择业机制制约着个体的择业行为，这是大学生职业选择最基本的社会意识。择业中个人问题的妥善解决，也正需要符合这一社会现实。

随着改革的深入进行，社会择业机制将得到进一步优化，将为择业者提供较为自由和宽松、公正和平等的择业环境，这一方面将使有"个人问题"求职者的心理烦恼得到一定程度的缓解，另一方面又向求职者提出更高的精神要求。择业机制的优化是为了最大限度地使求职者挖掘自身的潜力，充分调动每个人的积极性，倾力为社会尽力，更圆满地实现人生价值，这就要求求职者摆正事业与爱情的关系，在事业与爱情的比翼齐飞中，创造积极进取的职业人生。

（四）动机与职业选择

求职动机是求职者经常以愿望、兴趣、理想等形式表现出来的，激励其发动和维持择业行为，并导向职业目标的一种心理过程或主观因素。大学生的求职动机是异常复杂多样的，就其社会意义而言，可分为四种类型：

1. 索取型。

这类求职者缺乏正确的职业理想，不求贡献，只图索取，就业只是其谋取个人私利的手段。

2．衣食型。

求职就业是为解决衣食问题，获得谋生的手段。这类求职者缺乏进取精神。

3．表现型。

希望通过就业参与社会，尽其所长，实现自我价值。表现型求职者若走向极端，可能发展为脱离社会需要的、极端狭隘的"自我实现"者。

4．贡献型。

就业既为衣食需要，也为自我实现需要，更为国家、民族和社会的需要。

不同的求职动机影响着大学生进行正确职业定向和职业选择。心理学的实验表明：人在不同的活动动机之下，社会性最丰富的动机表现出最大的力量。因此，确立良好的求职动机，对大学生的成长有着不可低估的作用和意义，它关系到求职者的劳动态度、潜在能力的发挥和对社会的作用。要树立良好的求职动机，可以从以下方面做出努力：

1．树立正确的人生价值观。

价值观的确立，直接决定着人们的生活态度、生活方式与生活目的。大学生树立了正确的人生价值观，就能够把个人的就业需要建立在社会需要的基础上，正确地进行职业定位和选择。

2．明确就业的目的和作用。

就业不仅是谋生的手段，不仅是自我实现的具体途径，更是为他人、为社会做贡献的直接方式，明确了就业的社会意义和实现自我的作用，有利于大学生充分发挥献身社会的主观能动性。

3．培养良好的职业兴趣。

兴趣是个体行为的心理驱动力，它能诱发人的动机。培养良好的职业兴趣，可以使求职者挖掘自身最大潜力，以愉快的心情、饱满的热情、积极的态度去从事社会工作。

4. 充分利用就业诱因条件。

职业动机的基本诱因条件是用人单位在能满足求职者基本的生理需要的情况下，还具有满足其更高层次需要的良好条件。这对于大学生确立良好的就业动机是必不可少的。

5. 将主导动机与辅助动机结合。

大学生应当建立全心全意为人民服务、为社会作贡献的主导动机，并使自己某个或某些辅助性动机迁移到主导动机方面来，使之服务于主导动机。

求职动机是激发大学生择业行为的内动力，对处在求职中的大学生来说，是其人生转折过程中的主要心态，必须加以认真地对待和调整，并通过确立良好的动机，激发自己合理与正确的择业行为。

（五）兴趣与职业选择

兴趣是指一个人力求认识、掌握某种事物，并愿意经常参与该种活动的心理倾向。人对某种职业感兴趣，就会对该种职业活动表现出肯定的态度。兴趣可以开阔人的眼界，丰富人的知识并推动人的积极活动，表现出个性积极性，从事自己感兴趣的职业，人的注意力、思维、能力都得到最大程度的发挥，从而提高工作的积极性和效率，也使人身心愉快。同时，多方面的兴趣可以使人善于适应职业的要求与变化，应付多变的工作环境，很快熟悉新的与原来性质不同的工作，顺利进入职业角色。此外，人的兴趣可以形成一个人活动与选择的一定强度的有向趋力，引导人的职业和专业的定向，并导致决定人的职业选择。

大学生正处在兴趣、爱好与思维最活跃、最丰富的时期，他们有着不同层次的、丰富多彩的、极富个性特色的兴趣，其兴趣具有广泛性与多样性、集中性与稳定性、社会性与情绪性等特点，并从不同程度上影响着他们的职业选择。

1. 广泛多样的兴趣拓宽了职业选择的范围。

具有广泛多样兴趣的大学生在校期间，多方位地投入生活，具备较全面的生活感受与经验积累，为其选择职业准备了多方面的知识与能力的职业基础，相对于那些兴趣狭窄的同学而言，他们在职业方面，有更宽广的选择圈，有更全面的职业适应性，而不至于固守己见，限制了自己的择业面。

2. 集中稳定的兴趣强化了大学生的职业定向。

广泛多样的兴趣中还必须有一个中心兴趣，并以此为主导才能形成良好的兴趣品质。只有在广泛职业兴趣的背景上有着决定活动基本倾向的中心职业兴趣，才能保持学习的积极主动性和创造性，获得系统的专业知识，训练职业需要的专业技能，强化自己的职业定向，否则，对什么都感兴趣，只是"蜻蜓点水""浅尝辄止"，最终会妨碍自己的职业选择。

3. 流动变化的兴趣会导致职业选择的冲突。

个人的兴趣会由于多种原因而发生转移和变化，这种不稳定性和变动性，会很自然地对职业选择产生影响，使行为主体产生矛盾与冲突。比如说，最初确定专业志向是根据当时的兴趣，而后来又有了新的兴趣，这种现实的兴趣变异，使得求职者在面临择业时，在原有专业与新兴趣之间产生矛盾与困惑；或者是有的求职者不断转换职业兴趣，也会影响对职业的稳定性定向与选择，从而使之内心交织着多种矛盾与困惑的烦恼。

因此，建立良好的职业兴趣，对于大学生选择职业和适应职业都有着十分重要的意义。

（六）性格与职业选择

性格是人对现实稳固的态度和与之相适应的习惯化了的行为方式的吻合。性格是区别于他人的、鲜明的、稳定的、持久的个性特征，是个体本质属性内的独特结合，它在人的个性中起着核心的作用。性格一经形成就比较稳固，其稳定性特征对于人的选择倾向、活动方式及成功与否有深远的意义。一个人的职业选择和职业生活往往带有浓厚的性格色彩。

1. 性格特征构成对职业选择的影响。

求职者性格的差异，在不同程度上影响着个体职业选择的倾向和成功与否。比如说，有的人性格坚毅，有的人脆弱，坚毅的人在择业时对目标坚持不懈地追求，在整个求职活动中勇于克服困难，百折不挠，坚定不移地向目标渐进，这种性格特征大大地增加了择业成功的机会；而性格脆弱者，经不起求职的挫折和困难，往往一碰困难就打退堂鼓，具有这种性格特征的人，择业时很难获得理想的实现。

2. 性格的独立性程度不同也会影响职业选择。

性格独立性强的人在求职时，有自己的主见，不易受到外界的干扰，能更充分地发挥自身的潜力、自己的所长，目标明确，积极主动地争取成功；而性格独立性差的人，缺乏主见，目标模糊，择业态度模棱两可，犹豫不决，极易受到某种外力的影响，从而妨碍了其择业的最佳选择。

3. 性格的倾向性也影响着职业选择。

性格外向的人，思维活跃，富于热情，对新事物敏感，善于交际，灵活性强，在择业时，积极主动，善于推销自己，具有较强的适应性，从而容易获得求职成功；而性格内向的人，沉静谨慎，深思熟虑，怯于交际，反应迟缓，因此，在择业时，缺乏主动进取性，不善于表现自己，适应性较差，从而有碍于择业成功。

总之，性格与职业的关系可以说是彼此制约、相互促进的关系。选择职业必须要考虑性格的职业品质，尽量选择适合自己性格特点的工作。因为，几乎每一种工作都对性格品质提出特定的要求，如作为教师应知识丰富，热情、正直、谦逊，以身作则；作为医生应富有同情心和责任心，精益求精，一丝不苟……适应不同的职业就必须具备符合角色规范的性格特征。职业性格是职业活动本身所要求的，大学生求职者应培养良好的性格品质，增强对理想职业性格的适应性，从而增强达到理想职业目标的现实可能性。

（七）气质与职业选择

心理学家认为，气质是表现心理活动的强度、速度和灵活性方面的典型、稳定的心理特征。气质表现在情绪产生的快慢、情绪体验的强弱、情绪心态的稳定性和持久性、情绪变化的幅度以及言语、动作的速度等方面，它使人的全部活动都染上某种独特的色彩。具有某种气质特征的人，常常在不同内容的活动中，会表现同样方式的心理活动特点。心理学家把人的气质分为四类：多血质、胆汁质、黏液质、抑郁质。这是依据气质在人身上的表现所划分的，它是在某一类人身上共有的或相似的特征。典型的气质类型较为少见，实际生活中绝大多数人都是以某种气质类型为主并兼有其他类型某些特征的混合型。

气质本身并没有善恶、好坏之分，每一种气质都有其积极的一面，也有消极的一面。气质并不能决定一个人活动的社会价值和成就高低。每一种职业领域都可以找出各种不同气质类型的代表，同一气质的人在不同的职业部门都能作出突出的贡献。但是，人们所从事的职业、不同的岗位却对从业人员的气质有不同的要求。某种气质特征，往往能为胜任某项工作提供有利条件，而对另一些工作又表现出明显的不适应。研究和实践都表明，气质特征是选择职业的重要依据之一。

1. 胆汁质气质与职业选择。

胆汁质的基本特征是直率，热情，精力旺盛，脾气急躁，情绪兴奋性高，易冲动，反应迅速，心境变换剧烈。择业时，主动性强，具有竞争意识，通常倾向选择且适合于竞争激烈、冒险性和风险性强的职业或社会服务型的职业，如运动员、改革者、探险者等，甚至到偏远及开放地区从业。

2. 多血质气质与职业选择。

多血质的主要特征是活泼、好动，敏感，反应快，善于交际，兴趣与情绪易转换。择业时，积极主动，热情大方，善于推销自己，适应性强，很受用人单位欢迎。通常适合于出头露面、交际方面的职业，如记者、律师、公关人员、秘书、艺术工作者等。

3. 黏液质气质与职业选择。

黏液质的主要特征是安静，稳定，反应迟缓，沉默寡言，情绪不易外露，善于忍耐。择业时，沉着镇定，目标确定后，具有执着追求、坚持不懈的韧性，从而弥补了其他素质的不足。一般适合于医务、图书管理、情报翻译、教员、营业员等工作。

4. 抑郁质气质与职业选择。

抑郁质的典型特征是情绪体验深刻，孤僻，行动迟缓，感受性强，敏感、细致。择业时，思虑周密，有步骤，有计划，一般较适合从事理论研究工作等。

以上只是从气质典型类型的角度论及各种气质与职业选择的关联。每一个求职者应从自己的实际气质特征出发，认真考察职业气质要求与自身气质特征的对应关系，选择那些能使自己气质的积极方面得到发挥的职业与岗位，避开消极的一面。

（八）能力与职业选择

能力由一般能力和特殊能力构成。一般能力，即一个人完成自己经常性活动所必须具备的能力，以及完成某一活动要求人必须具备的能力。心理学上一般能力是指以思维力为核心的智力，是记忆力、观察力、想象力和认识能力的总和。特殊能力是指在某些特殊领域的活动中所表现出来的能力，以及完成某种特殊活动所要求具备的能力。例如，节奏感、色彩鉴别力、准确估计比例关系等就属于特殊能力。它建立在一般能力的基础之上，并构成个体的特殊才能结构，能保证有效地完成某种活动。

无论从事什么职业，总要有一定的能力作保证。没有任何能力，也就不能胜任任何工作。求职者对自己的能力进行自我认识和评价，对其职业定向与职业选择往往起着筛选和定位的作用。一个人能力有大小，能力存在着的个别差异表现在质和量两个方面，并对职业选择产生不同的影响：

1. 能力量的差异与职业选择。

从量的方面来看，能力的个别差异表现在能力发展水平的高低，以及不同的能力优势趋向等方面，求职者据此来确定对专业和职业的选择。能力强弱不同影响着求职者的择业态度和择业心理。能力强者在择业时表现出过人的勇气和自信，能力弱者则受到自卑的困扰。同样，用人单位也将能力强弱作为用人的一个重要的考虑因素，能力强的求职者自然备受欢迎，容易获得成功。此外，能力优势趋向也影响着求职者的职业选择，适合于单位发展、具备单位所需能力优势的大学生将被优先录用，因量才录用是用人单位录用学生的一条基本原则。

2. 能力质的差异与职业选择。

能力质的差异表现为各人有不同的特殊能力、才干和能力类型的差别。任何一种专业或职业的活动，都要求有与该专业相吻合的各种能力的特殊组合，即专业对特殊能力的要求。如一个音乐家需要有强烈的音乐节奏感和丰富的想象力；一个画家的视觉分析对线条、比例、形态、明暗、色彩调和的高度敏感性，及手感、手部运动等都具有特殊的能力要求；教师、营业员、律师、节目主持人、护士等职业，必须具备较强的语言能力；会计、出纳、统计、建筑师、药剂师等职业需要较强的计算能力等。因此，求职时必须考虑职业所需要的能力质，即特殊的职业能力要求。

因为能力与职业选择有着如此密切的联系，求职者就必须注意自身能力的培养。一个优秀的大学毕业生，通过几年的学习和实践的锻炼，应该具备自学能力、操作能力、交流表达能力、设计计算能力、组织管理能力、科研创造能力等，这样就会在择业竞争中处在优势地位，更易获得求职的成功。

（九）岗位特点与职业选择

岗位分布在各个部门，不同部门还可以划分为不同的行业。毕业生在求职时，应根据各个部门的不同特点，选择相应的职业岗位。从大学生就业的实际来看，同一个专业的毕业生能够在不同部门选择工作岗位。例如，自动化专业的毕业生可以在重工业部门中选择电力、冶金等行业，也可以选择轻工业部门中的纺织；经济学专业的学生可以在三大产业部门中选择管理工作岗位，也可以选择党政机关、科研、教育、金融信贷部门等。因此，这就需要进行比较，如各个部门或岗位的特点的比较，经济条件、保险福利、社会地位、保健条件、地理位置等等诸多因素的比较，在全方位的比较中，作出切合自己需要的合理选择。

工作岗位的经济待遇。包括：工资奖金水平、劳动保险及其他物质和文化福利待遇等。当代大学生选择职业，在社会地位大致相仿的情况下，日益突出地重视职业的收入状况、福利待遇，注重物质和生活的满足。工作岗位的经济待遇如何，是大学生择业的十分重要的标准之一。在他们看来，对于自己付出的劳动，应当得到社会的承认与肯定，人不仅应当追求精神生活的富有，也应当有合理的物质需要的满足。

工作岗位的社会地位，亦即职业地位。职业地位是指人们对所从事职业的所有制形式、行业与工种的社会声望的评价。由于传统习惯意识的影响和社会舆论的制约，人们自觉不自觉地对社会职业表现出不同的态度和倾向，这便形成了职业的社会地位差异，从而使大学生心目中的职业地位就有了高低之分。例如，他们认为高社会地位主要指有权力的单位（党政、人事、行政管理等部门），有名气的单位（著名厂矿、大型国有企业或独资、合资企业等）。相应的，有的职业社会地位相对来说就被认为低一些。

一般来说，在条件允许的情况下，职业选择者大都愿意趋向社会地位高的职业，以获得社会尊重，满足自己和家庭自尊心的需要。但是，职业地位导向的作用并不是始终不变的。随着时代的发展和社会的进步，尤其是改革的冲击，大学生对职业社会地位的追求开始有了下降的趋势，更多地转向自我价值的实现和经济地位状况的改善。

一般来讲，经济待遇如何是大学生选择时不得不考虑的一个重要因素。大学生一旦走向社会就将面临恋爱、结婚、生育这三项需要大量经济支出的人生大事，如果没有一定的经济实力，那将对生活产生很大的影响。曾经一度出现的大学生就业的"公司热"，原因即出自于此。他们希望能分配到待遇高、房源丰富和有涉外任务的单位。但从整体上看，大学生对职业的经济收入的考虑，还没有超过对职业的社会地位的考虑。在传统文化影响深远的当今社会，职业的地位仍然在文化中处于比较重要的位置，对职业的选择发挥着不可低估的影响。

除了工作岗位的经济地位与社会地位这两个重要因素外，工作岗位的其他特点，诸如工作环境、地理位置、发展前途、人际关系等因素，也是择业者需要考虑的，究竟选择哪种职业和工作岗位，大学生应该结合自己的条件进行比较、权衡，以做出恰当的选择。

写求职信和面试的有关技巧

求职过程中，很多人都要写上一些求职信，做出一份个人简历，形成一套求职材料。这些文字材料，是你前去用人单位的"敲门砖"，所以在书写中应当有所注意。

一、如何写求职信

写求职信要"信、诚、美"相结合。"信"是指书信表达出的感性；"诚"是指求职的诚意和自我介绍的诚实；"美"则是信要写得漂亮，做到文情并茂，要使用人单位看到你的求职信后"一见钟情"。

求职信的内容与格式如下：

（一）求职信的格式

在开头的称呼上要写明你所求职单位的领导同志，结尾的"此致，敬礼"后要写上自己的单位与姓名。

（二）求职信的内容

1. 用人消息从何处得知，说明自己希望从事哪种工作。

2. 告诉对方你为什么对此项工作感兴趣，经过哪方面的培训和锻炼。

3. 简明扼要地介绍一下自己的资历，详细介绍应放入简历中去。

4. 简述一些与求职有利的条件如工作经验等。

5. 要把自己想得到工作的迫切心情表达出来，并请对方尽快答复。

（二）注意问题

1. 信纸质地要好，写简历信封相配。

2. 不要出现错别字与语法错误。

3. 内容简单明了。

4. 找有经验的人审核写好的求职信。

二、如何写简历

简历是运用一两页纸对求职者的技能、成就、经验、教育程度、求职意向作一个简短总结。简历的直接目的是为求职者获得面试的机会，它是求职过程中一个重要的工具。

（一）简历写作标准

1. 简短明了。一般以 1200 字为上限。

2. 整洁清晰。

3. 准确无误。

4. 真诚坦率。

（二））简历的一般写法

1. 开头。

开头一般概括介绍自己，包括标题、个人姓名、年龄、学历、婚姻状况、健康状况，联系地址、求职目标（一定要结合自己的情况，根据自己的专业和特长去选择；一定要体现你所具备的优势与自己的专长）。

2. 中间部分。

陈述个人求职资格与所具备的能力。这部分的写法与求职写法雷同，但要注意：要说明所受教育，即所学专业和自己业余的专业与特长；要说明工作经历，主要说明与求职目标相关的工作。陈述时，一定要说出最主要、最有说服力的资历与能力。语言要积极，坚定有力，不要让人产生疑问。不要提太多个人需求。

3. 结尾。

结尾多是提供所证明自己资格和资力的证明人和附上一些个人的证明、文件、材料等。

三、如何做好求职材料

一套完整的求职材料，可能会不失时机地为您打开成功之门。一套理想的求职材料，必须准确全面地反映出一个人的自然状况、专业水平、能力结构和综合素质。这是目前毕业生们广泛使用的一张推荐表所无法包罗的。

那么，怎样才能做好自己的求职材料呢？

（一）撰写一封求职信（前文已述，不再重复）

（二）毕业生情况推荐表

此表虽说缺乏深度，但可以概括地反映你的基本情况。另外，推荐表上有学校的推荐意见，用人单位可以据此了解学校对你的态度。

（三）成果

它可以综合地反映你的能力。包括你发表的各种文章、参与从事的科研情况（可以请负责此项科研的老师写评价）、实习单位的鉴定等。

（四）各类证件

如三好学生、优秀学生干部证书复印件；英语、计算机考试等级证书复印件；法律类毕业生还可能有律师资格证明材料等。

（五）健康状况证明材料

（六）材料索引

它自然应置于整个求职材料之前，一页工整的索引，可以反映出你办事的条理性，是不可缺少的。

全部材料整理好后，还需设计一个封面。题目可以是"×××大学毕业生求职材料"，下面列上自己的姓名、专业，还应有系名、联络电话、邮编等，以便于用人单位与你联系。

一份优秀的求职材料的目的在于展示你的特长与个性，因此它还可以设计得更加合理化、个性化一些，相信它会给你的求职带来方便。

四、面试前的心理准备

面试，是求职过程中的必须环节，也是决定一个人命运的重要时刻。能否把握好面试这一关，对于择业的顺利与否起着举足轻重的作用。

面试前，应聘者要做好充分的心理准备。只有心理准备充分了，才能发挥自己的长处，显露自己的优势，从而在众多的竞争者中赢得一席之地。

所谓心理准备实际上是对自己成熟与否的实地检验。一个成熟的人应该有足够的毅力面对挫折，有足够的勇气迎接挑战。有了这些心理准备，当你走到主考官面前的时候就会临阵不乱，应对如流。而且这种"不乱"和"如流"，应当以人格的自尊和深刻的自省为前提，而不是盲目自信或者刻意逢迎。你应该有主见，有原则，不以别人的好恶为自己行事的标准，即使面对主考官铁青的脸也应该这样。你应该记住，"人必自爱而后人爱之；人必自助而后人助之"的道理，即使面对向往已久的理想的工作也不可"卑躬屈节""垂涎三尺"。你应该在人生艰苦的磨砺中，锤炼出一个堂堂正正的自我，理直气壮地赢得你应该得到的职位。

有了人格的自尊还不够。你得明白，"人比人气死人"这句俗话的道理。不要拿自己跟别人相互比较。因为你在应聘过程中完全可能被一个条件并不如你的人排挤下去。这里面有主考人员的好恶、偏见，也有关系网络所起的作用。倘若因为一次失利而气恼、懊丧，甚至就此打退堂鼓，便是没有做好充分心理准备的表现。面对纷繁复杂的情况，要做好充分心理准备，百折不挠，锲而不舍。因此，所谓心理准备实质上是对生活艰辛的准备。要从步入社会的第一天起就认识到，等待你的并不全是美丽的玫瑰花。

应聘者还应该认识到，人与人之间的沟通实际上是最困难的，因而也是最有意义的事情，故此你应该在与对方最初的接触中就为这种沟通创造条件。所谓"缘分"，实际上就是一种沟通，能够相互沟通的人亦即有缘分的人。你如果能在初次见面时便给招聘人留下很好的"第一印象"，便为你们的"缘分"、为你们的沟通打下一个"伏笔"。倘使没能沟通，没有"缘分"，也不必苦恼。如前所述，这种沟通本来就是难上加难的事情。心理准备还应当包括应聘者要事先考虑到的，你能很快适应新集体、新环境吗？你能迅速适应同你的习惯格格不入的全新的工作规律、工作作风吗？这一切的一切对应聘者都是严峻的考验。

作好求职的心理准备，要培养积极主动的求职意识和竞争意识。

在市场经济条件下，可以说求职者每参加一次面试，都是参与一次激烈的竞争。因此，求职者在面试前必须作好竞争的思想准备，不管遇到多么强劲的对手，都要敢于竞争，善于竞争。如果求职者没有竞争的思想准备，不采取竞争拼搏的措施，往往会在求职竞争中败下阵来。

良好的心情和充分的自信也必不可少。

心情不好宁可不去，什么时候心情好了，什么时候去。心情的好坏将严重影响你的容颜、语言以及反应能力等。本来是可以成功的，但由于当时心情的影响而导致失败，那是很遗憾的。

面临毕业，工作还没有着落，心情能好得了吗？那就有个面对挫折的承受力的问题了。人是应该有点承受力的，对成功、挫折都是这样。今天成功了，心情就好，明天失败了，心情就不好，这是人之常情，但也是幼稚的。成熟的表现是"荣辱不惊"，什么时候都要保持一个好心情，应聘面试，尤其需要。

自信，是求职者成功推销自我的第一秘诀，不论你希望从事什么职业，你都在先去掉对该职业的敬畏心理，你要坚信你有资格担任那些工作，如果被聘用的话，你会做得很好。你的一言一行都要给人以可信的感觉，你必须使对方深信你是个可靠的人，为了增强可信度，事先做些准备也是必要的，求职时尽可能地把你成功的例子和专长呈现出来，对一个求职者来说，这是增强可信度和显示自己才能的好办法。

面试，其实是在心理压力较大的情况下表现你的工作成绩，特别在情景模拟测验中更是这样。现代社会，人们面临各种各样的压力，如生活方式、劳动方式、人际关系、分配方式等，反映到心理上，就形成某种心理压力。

　　面试过程中，一方面要泰然自若，不受各种压力影响，但又不能讲笑话，显得不认真，如果过分放松，就显得你对这个公司很淡漠，或者根本不感兴趣。可见要获得面试成功，良好的心理素质是一个关键。

　　提高面试的心理素质，不但要有自信，还要克服自卑感，摆脱面试中的消极心理。

　　自信心，对任何一个人来讲，都是不可多得的财富，对一个人事业的成功和心理素质的发展，起着不可估量的作用，它是各种心理素质中具有决定性的因素。

　　当你将自信心持于心中时，就会感到对每一次面试都是那么信心十足，那么热诚。这种情绪会使你发出一种向上的力量，甚至感染主试人，使你的潜力得以发挥，你会突然变得豁然开朗，对答如流，气氛会变得更温馨。而缺乏自信常常是性格软弱和事业不能成功的主要障碍，设想一下：当你连自己都没有信心，主试人如何有信心相信你能胜任工作；当你双腿发抖地站在主试人面前，这也意味着你自己在关上求职的大门。

　　自信心的树立来源于对生活的深刻认识，对生活抱有乐观态度，以及在搏击人生中所得到的扎实的积累，这些都是建造自信心大厦的坚固基础。虽然不能期望第一次面试就取得成功，但由于经验的积累，便可自信地面对下一次挑战。

　　当然，过分的自信也是不可取的，这时的自信已不是一种积极的态度，而是一种鲁莽。在面试时，往往给主试人一种过分放松，满不在乎的感觉，这可能会使你尝到失败的苦果。

　　自卑与自信相对立而存在，要自信，就得克服自卑，当然自卑感并不那么可怕，每个人或多或少都有些自卑感，人无完人，关键是如何战胜自卑。

　　要在面试过程中，防止和铲除自卑心理，首先得正确看待竞争，因为面试本身就是筛选，而其结果必然出现胜利者和失败者，竞争中的失败，并不意味着断了前路，要总结教训，迎接下一次的竞争机会。其次，是塑造自己坚强的个性和意志。美国心理学家推孟对 150 名有成就的智力优秀者的研究表明：智力的发展不仅取决于智力本身，也和性格特征有关，这些特征包括：为取得成功的坚持力，善于为实现目标不断积累成果，自信而不自卑。其次，经常鼓励自己，"别人能做到的，我也能做到。"同时，要学会正确与他人比较，千万不要拿自己的短处和别人的长处相比较，应扬己之长，避己之短，切忌"庸人自扰"。

在面试前，许多求职者会产生一些不必要的消极心理，诸如"别人会怎么想""过去曾失败过""我会失败""为时太晚"等，这些都会磨蚀一个人的自信心，应努力克服。除去这些消极心理要做到以下几点：

（一）除去不必要的想法

一些应聘者，一边作答，一边在想"主试人对我的看法怎么样"，或者"我不该穿这件衣服，因为别人会嘲笑我，会对我有看法""我不敢干那件事，恐怕别人会嫉妒"。其实这些想法都是多余的，不必要的。记住：多余的牵挂将损害你的人格与创造力，束缚你的手脚，削弱你的自信心。

（二）不要害怕失败

一些曾在面试中失败的人，害怕再次面试失败。在面试中，会回想起曾经失败的场面和体验，结果越害怕失败，就越会失败。记住：你通常需要五次以上的面试机会才能得到一份理想的工作，不要把成功的希望全部寄托在一个公司一次面试机会上。

（三）不必为面试而忧虑

有些人因为求职心切，寄希望一次成功，而为准备面试忧心忡忡，坐立不安。当然，准备是必要的，也是极为重要的，但是，通常我们担心的事，百分之九十九不会发生，既然如此，又何必去担忧呢？

（四）不要害怕单独前往

为了减少焦虑，消除紧张，或为了给自己当"参谋"，有些求职者在面试时习惯带上一位同学或朋友前往，或常常带家人陪同面谈，而害怕单独前往，这是不妥当的。在求职面谈时，求职者带他人同往，无论何种情况，都将会给求职带来不利。首先会给主试人一种别扭的感觉，由于他人在场，面谈往往会很尴尬，对方还要想办法招待你的同伴，增添了不必要的麻烦。其次，会使主试人对你产生缺乏自信心、独立性不强的印象。当然，如果你所求职的公司里有人推荐，并与招聘者熟悉，不妨站在旁边"敲敲边鼓"，但也要视情况而定。一般来说，面谈要单独前往，尤其是女性求职者，这样对方会把你看成一个充满自信、有能力、有魅力的人，从而赢得对方的欣赏。

（五）不要把考官看得过于神秘

并非所有的考官都知识渊博，洞察一切，经验丰富。每个人都各有所长，请求和被请求是相对的；我求职是求你，你招聘则是求我；每个人都不能因为有求于人就感到低人一等，也不能因为被人所求趾高气扬。从这样的角度思考问题，就会使心理上取得一种平衡感，从而减轻畏惧心理。

（六）保持愉快的精神状态

人的主动性、创造性如能充分发挥，有利于事情的办成；反之则相反。调整情绪可以有某些行为或心理战术来进行，例如，为防止过度疲劳，保持大脑清醒灵活、精力旺盛，你可以有意识地使自己的步伐轻快起来，也可以唱一首歌；对于来自社会、家长方面的压力、不必介意，变压力为动力。还可以在太阳穴上抹点清凉油，以自信的姿态迈进面试场，向窗外远眺片刻以平定心境，恢复良好的竞技状态，这样就会坦然镇定、方寸不乱，落落大方，侃侃而谈，为面试成功铺平道路。

五、面试中的服饰礼仪

在现代生活中，仪表在求职中发挥着越来越明显的作用。注重仪表、举止，并不意味着一定能找到工作，但过分邋遢、举止不雅，必然影响求职择业。整洁端庄的仪表，文明大方的举止，是一个人基本素质的外在表现。注重仪表、举止能给招聘者留下深刻的印象。在双向选择中，求职者同招聘人员第一次见面时，个人的仪容、言谈、举止、风度、气质、知识含量、反应速度等，均会给对方留下一种最初的印象。因为这是最初的、首次的，所以新鲜、引人注目，容易被对方记住。很显然，良好的第一印象会带来积极的效果，反之，面试则会遇到挫折。

仪表修饰适宜，不仅给人以美感，为建立良好的第一印象打下基础，更重要的还是一种礼貌。每个人都有这样的感受，一个人除了其办事能力外，如果有一副修饰适当的仪表，也有助于其成功。这正是由于仪表所具有的特殊功能。一个人的仪表，不仅反映自身的气质和审美能力，还影响到人际吸引。

一个仪表优雅的人，或许找不到工作，但在求职者众多的今天，却为求职增添了一个有利的条件。在面试场上，求职者尚不能以得体的面貌出现，那么，被聘之后，怎指望他为单位增添光彩呢？这是面试者不容忽视的问题。

不论你喜欢与否，面试者有可能以貌取人，凭你的外表判断你、衡量你。一般说来，在服饰、姿态、表情、举止、态度等方面应注意一些技巧。

就服饰而言，并不是一味讲究华丽追求时髦，而是适当地打扮自己。服饰要同自己的身材、身份相符，追求朴实、大方、明快的风格（可选择同代人中稳健人物的服饰，作为穿着的标准）。服装必须符合时代、场所、收入的程度以及周围的环境。男生穿西装戴领带最好，价格不必太贵，只在熨得平整挺括，配上色彩谐调的衬衣和领带，如果没有西装，一般流行的夹克、羊毛衫也行，要洗干净，色调不要刺眼，以冷色为主。女生宜浅色连衣裙，过分显露的透明衬衫，会使人觉得你不够稳重。

在求职中，应聘者的装扮要与所希望的职业身份相协调。比如你面试的职业是教师、工程师、干部等岗位，打扮就不能过分华丽、过分时髦，而应该选择庄重、素雅、大方的着装，以显示出稳重、文雅的职业形象；你去面试的职业是导游、公关、服务等岗位，就可能选拔华美、时髦的着装，以表现活泼、热情的职业特点。

装扮还要注意与面试的季节相协调。春有春装，冬有冬服，如果夏行冬装，就会给人一种不舒服的感觉。一般来说，冬季服装着重红、橙、黄、黑等暖色，夏日服装款式简洁，多用白、蓝、绿等冷色，给人一种清爽的感觉。

另外，西装扣子要扣对，帽子要戴正，皮鞋要擦亮，一般情况最好不戴首饰。

女性美好优雅的形象、端庄大方的服饰是面试成功进行的通行证。

决定形象美的主要因素不在于漂亮与否，而在于言谈举止和衣着打扮。参加面试要在保持自己个性特点的基础上，根据自己应聘的职业特点来设计自我形象。一般来说，参加面试要做一番打扮，打扮要恰到好处，既不要花枝招展，也不要过于呆板。要梳符合自己脸型、体现个性特点的发型；脸部可根据自己的皮肤略施粉黛，略描蛾眉，口红要涂得色彩均匀，不宜太浓，要和皮肤、眼睛妆协调。总之，要使化妆体现个人的修养和精神风貌，以便在面试中发挥最佳水平。

女性参加面试，服装的选择既要与应聘环境和应聘职业相吻合，又要体现自己的个性特点。通常情况下，服饰要得体大方，最好选择套装或套裙，颜色不宜太刺眼，也不宜太灰暗，衣服料子要好一些，样式大方，要体现稳重、成熟、干练而又有魅力。切忌穿与个性不符的衣服、有破洞或掉纽扣的衣服、过分裸露的衣服及舞会或晚会上穿的衣服。另外，皮鞋要擦亮，不要穿太高跟的皮鞋，勿洒太浓的香水和佩戴行动时会发出叮哨响的首饰。

恰当优雅的服饰能展现一个人的精神面貌、知识修养。化妆、服饰以及优雅的举止能引起用人单位的好感、信赖。这在很大程度上能促使面试者成功。

应付求职面试，最好的打扮是让人看上去你是要谋求一个你正在面试的这一职位高一两档的职位。

如果你谋求在法律机关中做秘书，那么，你就穿得像律师而非秘书，这样对方可能就会雇用你。

如果你要谋求一个饭店服务类的工作，那么你就不能看上去很怕油污，在这种情况下，便装为宜。总之，你的穿着不能使人觉得你无法胜任此项工作。

对于谋求秘书和职员工作的人，最适合的服装是西服套装。如果你知道面试考官是男的，那么最好是穿浅蓝色衬衫。如果考官是女的，则最好穿米色西装，配蓝色的衬衫。如果你一天有两次以上的面试，而且考官有男朋友，那么，你最好是穿蓝色西装配白色衬衫。

每一个谋求专业性工作的女性，都应该穿西服套裙。

若你要谋求一个专业的、管理或决策性的工作，或任何需要大学文凭的工作，在冷季最适合的衣服是炭灰色，热季选择中灰色的衬衫，衬衫外面可加白色外衣。

若你谋求的职务需要一系列的面试，无疑你应该以上面所说的装束来参加重要的面试（通常情况是主考官最后决定是否雇用你）。如果你刚从学校毕业，而且只能买得起一套为找工作而穿的衣服，那么，这套衣服就应该是上面所说的那种衣服。但是，如果你申请高层次工作，你就会经过多次的面试。你最好是变换一下装束，如果你知道要在某一特定的日子面试而且是首次亮相，那么海军蓝套服配浅蓝色的衬衫是最理想的（如果你身高不到160厘米的话，就选白色衬衫）。在这种情况下，另一种面试的衣服是浅灰色套服配深蓝色衬衣。至于决策性的工作，在面试时应随身携带一个手提包，如果主考官是男性，就把手提包放在家里不带。

对于刚走出学校的毕业生，对求职时服饰总的要求是自然、整洁。有的毕业生在求职时，下身穿"毛边"牛仔裤，上身衬衫系错扣子，也有的女同学身着过多外露前胸后背的连衣裙式衣裳，这都是不妥当的，力求避免。

"先看颜色后看花"是衣着审美原则之一。有的毕业生注重时装的新颖，在求职时身着过分艳丽、图案较大的服装，都不太适宜。没有不美的色彩，只有不美的搭配。毕业生求职择业是较正式的场合，尤其对于没有工薪的毕业生来说，衣着总的原则是得体、整洁。但对于不同行业，在衣着上也可以区别。如去公司，在衣着上可适当显露自己的特色，用对比色来搭配服装，显得鲜明、精干；去服务型的单位，衣着可活泼一些，运用流行色彩，颜色搭配柔和淡雅，给人以高雅、大方、舒适的感觉；去机关单位，则要庄重些，偏重于整洁、大方，不过分引人注目。避免穿不时要整理的衣服，如反复整理腰带或其他装饰，这样不仅自己在面试时分神，也会给聘者留下不稳重的印象。

男生在求职的正式场合，西装的色彩宜深些，衬衫的下摆必须塞进裤子里。

女生的着装应在美观的前提下尽可能自然、不刺眼，避免轻佻。

能做到以上所述，就会使招聘者感到，你是一个勤劳、会生活、有条理的人。否则如果你衣冠不整，邋遢不洁，不修边幅，就会被人认为生活不善自理、懒散、办事疲沓，那么你的应聘就会受到影响。

应聘者的姿态也有讲究，当你走进面试室时，身体要挺直，气宇轩昂；站时不要身体摇摆；坐着时不要弯腰曲背，坐挺稍前倾，不要抓耳挠腮，手要自然地搭在膝盖上，两条腿平行，不要架二郎腿，不能由于思考问题而情绪紧张，甚至高跷二郎腿不停地晃腿。

应聘者在面试前还要注意：男生的头发不要留得太长，可以理一次发或洗洗头，发型整齐，刮净胡须；女生在冬季可以留波浪披发，显得雍容大方，富有青春气息。面部表情要自然，不要有意地挤眉弄眼，眯眼或眨眼，女生可以淡妆，过分的浓妆艳抹，花枝招展，香水刺鼻，珠光宝气等，容易使人反感。如果感冒了，要带手纸、手帕，不要随地吐痰。

应聘的过程就是展示自己优点的过程。将一个美好的形象呈现在招聘者面前是十分重要的。一个人的衣着打扮往往是他内在气质的表现，隐秘灵魂的反映，同时也显示了一个人的文化层次与社会背景，依笔者之见，求职者应当以一个以较大众化的形象出现在面试考场上，不可标新立异、哗众取宠。

当然，由于各人文化层次、性格爱好不同，或者你所寻求的职业不同，对服饰着装的要求也就各不相同。但不管怎样，作为求职的你，必须力求把你内心的美，修养的美，展示于面试的考场上。

六、面试前应准备的问题

（一）开场白

1. 为什么你有兴趣加入我们这个机构。

2. 为什么你认为这份工作特别适合你。

3. 你加入本机构对我们有什么贡献。

4. 你找工作的主要考虑是什么。

5. 你对本机构的认识有多少。

（二）工作动机与志向

1. 你为什么有兴趣做这一行。

2. 你有什么事业计划。

3. 你希望有什么成就。

（三）个人情况

1. 介绍自己的大概简历。

2. 你认为自己有哪些优点和缺点。

3. 健康状况如何。

4. 与人相处如何。

5. 对母校的评价如何。

6. 你的学习成绩能否反映出你的才能。

7. 做过什么样的社会工作。

（四）申请的职位

1. 你喜欢本机构哪个部门的工作。

2. 愿意超时工作吗。

3. 愿常到外地工作吗。

4. 是否同时申请了其他的工作。

5. 要求有什么样的待遇。

七、求职成功者的十条经验

（一）一往直前

"与其匆匆上岗，不如考研待岗"，南京大学 1997 届毕业生小苗以这样坚定的信心苦学数月，最终找到了满意的毕业去向。小苗学的是理科的基础学科，毕业前夕为早日步入社会而放弃了考研，想改行早日工作，经多方求职总算被录用，口头协议月薪 1200 元。但毕业后，该机构突然毁约。这时，他的通常选择是回家，但他认真分析后发现，回家乡小县城很难发挥专业特长。他下定决心考研，在南京租了房，努力学习，最终，以优异的成绩通过了研究生考试，继续在本专业深造。回顾大半年的求职风波，他深有感触："其实，基础理论研究人才虽不被急功近利的单位所青睐，但坚持科研有可能为社会作出巨大的贡献。我当初在大学里如一心考研，也许就不会有求职的迷惘。有失必有得。一往直前天地宽，匆匆改行出路窄。"

（二）两全其美

很多大学生当年入学时就被调配到自己不喜欢而且较难求职的专业去学习，但一些大学已为他们开设了第二辅修专业课程，使得他们反而先成为"复合型人才"。南京大学地质系小李在大学时除了学好本专业以外还辅修了国际贸易。他发现，许多辅修生求职时有"两全其美"的优势而颇受欢迎，但他希望在辅修专业方面进一步深造。于是他经过努力，考上了南京大学国际贸易专业的双学位班。学科交叉的优势使他对即将到来的求职考验满怀信心，择业机会大为增加，进一步深造的天地也是更为广阔。

（三）三顾茅庐

很多大单位装饰得"金碧辉煌"，一些人事干部不苟言笑，令一些大学生感到高深莫测，学生们私下就会千方百计打听有关负责人的住址，并请熟人介绍以登门问候，美其名曰"三顾茅庐"。但上海某大学应届毕业生小钱却有自己的"三顾茅庐"观。他平时就常到专业课老师家和实验室去请教，并帮助教师搞科研，他的课题曾获全国大奖。毕业后有多家著名企业来聘他工作，并许以高薪，而他发明的一项专利则有可能给企业带来数百万元的效益。他总结道："三顾茅庐，越早越好。"

（四）四平八稳

一些大学生在求职中急功近利，反而会引起用人单位的反感，而凭真才实学参加面试的大学生却以稳重平和之心获得了良好的就业机会。今年某省邮政局需要一位语言学的研究生，一位某名牌大学的博士生去应聘，夸夸其谈的表现和浮躁傲慢之气使之名落孙山。另一位硕士生则真诚地介绍了自己的基本情况，得到了主考官的赞赏。的确，不卑不亢、有礼有节有时会成为顺利入选的捷径。

（五）五湖四海

一些大学生热衷于大都市，但好男儿志在四方，许多学子在毕业时表示："愿意到祖国最需要的地方去。"他们不在繁忙的都市里凑热闹、享清福，而是奔赴西藏、新疆等求贤若渴的地方去建功立业。一旦真正愿意为国分忧为民造福，中国有太多的热土将成为当代大学生无悔的选择，社会也将给这些有志青年更多的鲜花与微笑。

（六）六月飞雪

赤日炎炎的6月很少下雪，但一旦飞雪则人间酷暑尽解。6月是大学生求职的最后一个月，许多人在四五月间急忙签约，而正在6月中倍感绝望的大学生有时反而会大喜临头。南开大学1997届毕业生小刘在复试中几乎被通知落选，但一些入选的大学生因不符合条件，使得正在无奈中等待的她最终幸运地被某电视台录取。等到最后一个月再签约，是很大的冒险，但也许会"天降奇缘"。

（七）七拼八凑

为打好求职"总决赛"，很多大学生调动了20多年来的各种积累。武汉某大学新闻系毕业生小李把从小学到大学发表的各种作品都精心搜集整理成册，近5万字的作品集令人感到沉甸甸的。他又发动亲戚和大学、中学的老师帮他联系工作、写推荐书。到当年3月，已有5家单位表示录用他。但他却还在"耐心等待"，5 张录用通知书也被拼凑在他的自荐材料里以进一步证明自己"人才难得"。

（八）八面来风

信息时代的大学生对数字十分关注，很多学生购买了手机，一有求职信息，供求双方可以立刻进行联系。有人还把个人简历登上报纸作求职广告，有的干脆上网搜寻招聘信息，有人还请人搜集北京、上海、广州等大城市的报纸上的招聘广告，一有信息，马上电话联络。如稍有眉目，则立即寄去简历。

（九）"九死一生"

很多大学生在求职中到处碰壁，但他们屡败屡战，求职经验越来越丰富，最终能够如愿以偿。某大学中文系学生李某想成为主持人，从大学一年级起应聘校广播站的主持人，四年中经历了几十次面试，每次均遭失败。最后在某电视台的考试中，终于喜得佳职，被戏称为"九死一生"。

（十）十全十美

应聘资料越丰富，实力越雄厚，成功的机会就越大。南京大学应届毕业生小刘品学兼优，既是学生干部，学习成绩又名列前茅，琴棋书画俱佳，兴趣广泛，并且在全国一些大赛中多次获奖，是有名的"才子"。他的应聘资料翔实生动，足以成为一本厚书，结果他率先被全国某著名机构录用。